19

序言书信卷

于漪全集

上海教育出版社

对语文教学现状的思考

2011年,荣获第八届复旦大学"校长奖",与复旦大学党委书记朱之文、复旦大学校长杨玉良合影

2014年7月,重大课题攻关项目培训动员大会期间,与教育部副部长李卫红、上海市人民政府副市长翁铁慧合影

登上屋顶,查看校园及周围情况,牢把学校安全关

出版说明

《于漪全集》是基础教育领域首部特级教师的全集,也是上海教育出版社为特级教师出版的第一部全集。它的出版,对于传承、弘扬和建设新时代社会主义文化,对于以教育自信创建自信的教育具有重要意义。

《于漪全集》收录了于漪在不同时期发表于全国各类期刊和出版于多种图书的论文、讲话、序跋等作品。难免挂一漏万,故对写作时间和文章出处不一一注明,留待日后修订逐步完善。同时,对原发期刊编辑部、图书出版单位一并致谢。

全集由上海市教师学研究会组织有关教师、专家编辑。于漪的教育思想植根于教学实践,是理论与实践的有机融合和生动阐述。有时一材多用,是为了从不同角度阐释相关问题,为读者呈现丰富的不同历史阶段的思考成果。

全集以"一辈子学做教师"为线索,根据文章内容,共分8卷21册,从基础教育、语文教育、课堂教学、阅读教学、写作教学、教师成长、序言书信、教育人生八个方面多维度展现于漪来自教育第一线的理论研究成果,力求树立当代教育家的典型形象。

目录

书 信

苦战能过关	3
沉浸酴郁，含英咀华	7
自强不息，女教师们！	
——复石惠芸老师	12
祝愿再创辉煌	
——《人民教育》创刊50周年贺词	21
关于苏教版初中语文教材通信一组（致洪宗礼）	23
语文与文学教育（致王尚文）	26
语文教学应还语文以本来面目（致庄文中）	28
求学不读书，是蹉跎岁月（致甘其勋）	30
写字须从正楷始（致罗易）	33
语文素养重在积累（致佟春丽）	35
"上海市教师书画篆刻作品展"前言	37
运用记忆的支撑点	38
学会整体感知	41
祝贺（致顾黄初）	43
致谷定珍	44
多情的沃土	47
致基地学员二则	49

更上层楼　创造辉煌
　　——《中学语文教学参考》创刊35周年贺词　　　　　　　52

胆识·胸怀·爱　　　　　　　　　　　　　　　　　　　56

铭心的记忆　不解的情缘
　　——《语文学习》创刊30周年贺词　　　　　　　　　59

美丽的星空
　　——《儿童时代》创刊60周年贺词　　　　　　　　　61

致宋桂奇　　　　　　　　　　　　　　　　　　　　　63

致陈玲玲　　　　　　　　　　　　　　　　　　　　　66

写给青少年同学们的一封信　　　　　　　　　　　　　69

阅读推广要在落实上下功夫(致周洪波)　　　　　　　72

坚守与引领
　　——《中学语文教学参考》创刊40周年贺词　　　　　75

思想活体放入经典之中(致陈军)　　　　　　　　　　78

和中学生交朋友

看问题要有基本立足点　　　　　　　　　　　　　　　85

眼看榜样，脚下一定反行吗　　　　　　　　　　　　　88

切不可轻信　　　　　　　　　　　　　　　　　　　　91

信神、认命无出路　　　　　　　　　　　　　　　　　94

与"命运"抗争　　　　　　　　　　　　　　　　　　　97

讨个公正没有错　　　　　　　　　　　　　　　　　100

师爱，无选择性　　　　　　　　　　　　　　　　　103

要切实管起来　　　　　　　　　　　　　　　　　　106

振奋精神往前走	109
灵魂岂能退却	111
千磨万击还坚劲	114
在生存中求发展	117
化"厌烦"为"热爱"	120
切不可妄自菲薄	123
失落与奋起	125
事在人为	127
成功属于坚忍者	130
梦的编织与实现	133
笑迎磨难 自强不息	136
多虑伤神	139
化羡慕为志气	142
上学哪能无用	144
学会科学用脑	147
笨?	149
与"粗心"告别	151
走神与自控	153
善问者"智"	156
要善于梳理	159
尺水也可有波澜	162
兴趣的秘诀何在	165
绝招	168
要珍惜每个45分钟	171
分清主次,正确取舍	174

不能偏食	177
要善于抓点拎线	179
抓住记忆的支撑点	182
学得高效,玩得快乐	185
选择	188
进入高中怎样学语文	191
不是"怪"学科	194
面目要清秀	197
勤学苦练,出口成章	200
多多未必"益善"	202
勇气来自执着追求	205
冲破"高原现象"	208
方法正确,效果自佳	211
关键在于"化"	213
迎考,须镇定自若	216
虚假不得	218
心旌不宜飘荡不定	220
行进,坚定不移	223
要主动沟通	226
要学会化解	228
心灵的召唤	230
千万不能错位	233
宽容·坦荡	236
包装与修养	239
妒:一种丑恶的感情	242

委屈·受挫·承受力	245
一字之差	248
排除"求爱信"的干扰	250
痴醉与自拔	253
破除自我封闭	255
超越自我就是生活的强者	258
减肥	260

书 信

苦战能过关[①]

××同学：

报社转来了你的信。你询问怎样才能提高语文水平，这里谈一些粗浅的看法，供你参考。

态度认真　注意积累

学习语文，非下苦功不可。课文要仔仔细细地读，字要规规矩矩地写，练习要踏踏实实地做，作文要认认真真地完成。

我国语言文字丰富。有人做过计算，要达到一般的写作能力，就认字来说需 3 000 字左右。汉字是方块字，非得一个字一个字弄清音、形、义不可，一点马虎不得，稍一疏忽便铸成错误。如"戈、弋""归、旧""厌、庆"，字形相似，笔画雷同，只不过有的地方多一点有的地方少一点，但字音、字义完全不同。这就要用心学，不能望文生义，不可张冠李戴。碰到不认识的字，就得手勤，查字典，切不可来个障碍跑，跳过去。我平时批改作业，常发现不少学生语言干瘪，用词不当，这是由于他们平时不重视词语的积累和辨析的缘故。一次，我看到这样一个句子："我放眼瞭望，路边花园里已是翠绿点点。"这里，观察对象是"路边"，这个学

[①] 20 世纪七八十年代始，作者收到大量来自全国各地教师、学生和家长的来信，大多是向她请教教学和学习问题。作者总是有信必复，特别是对学生的来信非常重视。

生却用了个"瞭望",可见他没掌握这个词。同样的"望",我们平时接触的还有"观望""仰望""远望""探望""拜望""看望"等,这些意思虽相近,但有差别,有的差别还比较细微,如辨别不清,用时就不准确,不仅不能确切表情达意,有时还会使人捧腹大笑。由此可见,要积累,要搞清词义的轻重,范围的大小,色彩的浓淡,感情的褒贬,读写时就得下功夫多分析,多比较。我们看鲁迅、郭沫若的文章,常为他们取意深远、文思精深而赞叹;其实他们博大的思想,高超的技巧,都是日积月累、辛勤劳动的结晶。没有渐变,不会有质变;没有数量,无从谈质量。语言这东西,只有长年积累,才能真正掌握。

多读多写　加强训练

学习唱歌,就得张口;学习游泳,先得下水;学习语文,把知识化为能力,也得靠训练。

一要多读。要提高语文水平必须多读、熟读、精读,这已是被无数事实所证明了的有效经验。读书要每天读,读的时候要大声、响亮,读出抑扬顿挫、语调神情。朗读多了,优秀作品的语言和自己的口头语言,会相互沟通,融会渗透。时间久了,会在自己的写作中反映出来。现在学生中有个习惯,认为语文一看就懂,没啥好读,老师要求读,就不求甚解,囫囵吞枣,念起来有口无心。这就失去读的意义。读书时要精读与博览结合。博览在于开阔眼界,增长学识。而精读就要逐字逐句透彻理解,深入体会,反复揣摩。读书时还要注意对相同体裁的文章进行比较,不同体裁的也要进行比较,找出它们的共性与个性,举一反三,摸到文章规律。这样,对文章的立意、选材、剪裁、遣词造句、谋篇布局,心中就有数。俗话说:"熟读唐诗三百首,不会写诗也会吟。"说的也就是这个道理。

二要多写。光多读不够,还要多写。笔要勤,勤能补拙,勤能出水平。文章要写自己的所见所闻所感。文字不在多，但要每天练。记日记，写读后感，为黑板报投篇稿，都是练笔机会。由简入繁，由易到难，循序渐进。写之前，须考虑一下写什么，怎么写；写完之后，看看是否把自己的意思说明白了，是否说得有条不紊。文章修改很重要。有的学生写好文章一推了事，这种习惯不好。文章一定要细磨细琢，反复推敲。英国哲学家培根说："阅读使人充实，会谈使人敏捷，写作与笔记使人精确。"此话确有一定道理。

仔细观察　积极思维

　　学习语文切忌就文论文。文章要写得言之有物，有情有趣有理，就得发展自己的观察力和思维力。

　　观察，就是要留意周围各式各样的人、事、景、物，多看看，多听听，多接触。观察要细致，要具体入微。有些学生一写小姑娘，总是一双大眼睛，两根小辫子，圆圆的脸。去看看生活中的小姑娘，就会发觉不都是这样。有的学生写天空，要么蓝天白云，彩霞万朵；要么万里晴空，阳光普照。其实，天空变化万千，凭自己主观臆想是远远不能反映一二的。观察，还要学会从不同角度抓特征。中学课本里有篇《三峡》，作者极善捕捉特征。他写夏季，抓住了江水暴涨，水势疾速；写春冬之时，则抓住"清荣峻茂"四字，一字一景，水清、树荣、山峻、草茂，色彩绚丽，读后难以忘却。至于写秋色，则用"林寒涧肃"渲染气氛，用猿鸣声写凄惨哀绝，使人如临其境，如闻其声。观察时还要注意事物与事物之间的联系。有的学生写杨柳，喜欢用"婀娜多姿"，一般情况下当然可以，但刮台风时也如此形容，就违背事实，须知遇到十二级台风，它是会折腰，甚至会折断的。

　　除了勤观察，还要善思索。观察得来的东西往往是表面的、零星的，一定要开动脑筋，积极思维，在由表及里、由此及彼、去粗取精、去伪存真上下一番功夫,真正认识和理解客观事物。只有熟悉所写的对象,真正认识它们,拿起笔来才会不说空话,下笔才会传神。

以上所说,很不周到,仅供参考。你对提高自己语文水平决心很大,我很高兴。"科学有险阻,苦战能过关",只要你坚持不懈地学习祖国的语言文字,一定能学出效果,学出水平来。

于漪

1980年

沉浸酞郁,含英咀华

志远同学:

你来信中谈到课外喜爱文学作品,尤其爱读散文诗,但苦于不掌握读的要领与方法,所以往往只感受到朦胧的美,而对其中的醇厚甘甜难以深尝。

我和你一样,年轻时读散文诗也有类似情况。后来读多了,经常潜心思考,就逐渐深入底里,有所领悟。这种文学样式我很喜爱,因为他兼有散文和诗歌的特点。它是诗,反映生活比较集中、精练、饱含丰富的感情,具有形象美、意境美,但用的是散文形式,选材、组材、表现方法都比较灵活自由,语言很大程度散文化。

下面我录一首张岐同志写的《云雾间的路》,你读后不妨想一想:诗中描绘了怎样的画面,表达了怎样的思想感情?作者怎样用画笔拓诗意,给人以启迪和感染?哪些语言准确、生动,诗意浓烈?

云雾间的路

山顶上,绰约现出一幢小屋。白涛般的云雾绕着小屋翻涌,碧海似的松林在云雾间呼啸。小屋仿佛是只船,荡漾在碧海白涛之间……

小屋门前挂着一条白色的带子,它时隐时现地一直飘到山脚,就像是航船在海面上留下的浪迹。那是一条白径小路。

是的,小屋就是只船,路,就是浪迹。护林老人也是这样比喻。他告诉我,开始造林的时候,在山脚支了个窝棚,后来林子大了,在山腰盖了幢茅屋,现在林子漫遍了山岭,小屋又迁到了山顶。多少年来,小屋随着林海移,林海的大潮涌着小屋迁,老人的住处步步登高。

老人说:"登得高,瞭得远。"

我问:"要是林海再大了呢?"

老人指指头顶:"那就把屋子筑在云里!"

我认为老人说的并不是神话。事实上,他们的脚已经在云间蹚出路径来。他们在飘逸着云雾的巉岩上栽了树。他们在山鹰立不住的地方撒了树种。

他们使那风雨肆虐的山尖尖长出了青松翠柏……

老人想得远,因为他站得高。老人站得高,才看得那么远。因为老人胸中翻腾着一个海——一个覆盖着伟大祖国千山万岭的林海……

你要读懂这首诗,真切地认识诗中景、诗中人、诗中情,就要展开联想与想象。这首诗从山顶小屋入笔,描绘了一幅富于神话色彩的风景画。一笔一景,逐笔增添,构成小屋在碧海白涛中荡漾的完整画面。读诗,思想要长上翅膀随句子描绘的形象翱翔。云涛白,林海碧,边读边想,就会如见云雾"翻涌"之态,如闻松林"呼啸"之声,就会感受到原在山顶风姿绰约的静止的小屋动了起来,犹如一只航船在波涛间起伏荡漾。想象是感觉的深化,读诗是以自己有关的生活经验补充、丰富,诗中描绘的对象就会站立起来,成为立体的图景。通过联想与想象,诗中所蕴含的图画美,诗人运笔绘彩图的妙法,就可比较清晰地理解,比较容易具体地捉摸。

读散文诗,要正确领会诗中蕴含的思想感情,就须精心寻找结构诗篇的线索,找准诗人构思在字里行间留下的踪迹,对诗情的领悟,对诗主旨的探讨就能有所深入。如前所述,这首诗的诗情是从画意下笔的,先绘眼前小屋景,再回溯往昔造林盖屋的"浪迹",又展望未来"屋子筑在云里"的前景。显然,绘现实—忆往昔—想未来,一根纵线贯串诗篇,处处紧扣"路",紧扣小屋在海面留下的浪迹——石径小路。"小屋随着林海移,林海的大潮涌着小屋迁,老人的住处步步登高"是精彩的艺术概括,把造林老人、林海、小屋三者结合起来写,展示了小屋由山脚到山腰再到山顶的变迁。开始支窝棚,后来盖茅屋,现在小屋迁到山顶,画面活动更迭,在活动着的画面描述中,饱含着造林老人绿化祖国的一腔热血,记录着他改变荒山秃岭的锲而不舍的创业精神。

一首比较好的散文诗总是具有较高的思想境界和充沛的感情。读诗时不能浅尝辄止,只满足于对诗中描绘的艺术形象的理解,只注意理清组织诗篇的线索,要分析诗人表现的是怎样的思想感情,分析这种思想感情所达到的深度、广度和高度,发掘它的社会意义。《云雾间的路》这首诗,乍看是在"路"上做文章,一路"浪迹",一路艰辛。只要仔细剖析,就可进一步领悟它意味的隽永、深沉。"要是林海再大了呢?""那就把屋子筑在云里!"这一问一答,是"路"的继续延伸,更是突破画面的局限,拓开了新的境界,豪迈的气概跃然纸上。为什么屋子能筑在云里呢?诗人发表议论,从两个角度深入,开掘主题。一是再现云雾间的路的画面。四个"他们"的句子表现"筑在云里"不是神话,而是艰苦奋斗精神的继续发扬,"筑"有坚实的基础,绝非臆想。二是揭示所以能把屋子筑在云里的原因。"因为老人胸中翻腾着一个海——一个覆盖着伟大祖国千山万岭的林海……"这是何等的心胸?何等的志向?正是心中翻腾着千山万岭的林海,才会在云雾间蹚出路径,才使风雨肆虐的山尖尖长出了青松翠柏,才会有碧海似的松林在云雾间呼啸。山峰上的林海显示的是艰苦创业的意志,而胸中的林海则是绿化祖国、建设祖国的伟大理想。理想是艰苦奋斗的强大动力,而艰苦奋斗又是实现理想的可靠阶梯,诗人把二者结合起来热情歌颂,感情炽烈,思想深邃。诗的主旨有相当的深度,然而,只要稍加思索,我们是否可得到更多的启迪呢?造林是如此,心中须有林海翻腾,做其他工作难道不也是如此吗?心中都应有"海"的翻腾,有建设伟大祖国的"海"的翻腾啊!人们常说诗意味无穷大概也就是这个道理吧。

人们还常把最精练、最有感情色彩的语言称为"诗的语言"。读诗,就应特别注意语言的咀嚼,推敲它是怎样来表现丰富的内容,抒发浓厚的感情的。散文诗虽是用散文的形式写的诗,音乐性、节奏感不如押韵的诗强烈,但同样讲究和谐悦耳,讲究语言准确、生动、精练、优美。《云雾间的路》一开头就用了"绰约"修饰小屋的美姿,而修饰的位置又大大帮助语言发挥表现力。不用这个词,只是一般地叙述山顶现出一幢小屋,形象不突出;如直接修饰小屋,比较呆板;在"现出"前用"绰约",先把"优美的风姿"作用于读者的眼帘,由视觉引起想象,脑中展现图景,表达效果就大为加强,给人以美的享受。选择词语中最恰当的"那一个"来描绘形象、抒发感情,是诗歌语言的特色之一。"小屋门前挂着一条白色的带子,它时隐时现地一直飘到山脚"中的"挂""飘"就是例子。"挂"与"有""连"等词比较,其精确、生动的特点不言自明,它准确地绘出了小路的态势,高、陡、长、窄,它使读者情不自禁地会联想到"遥看瀑布挂前川"的名句,加深对小路态势的理解。单用"挂"只给人们以飞流直下之感,佐以比喻,配上一个"飘"字,不仅使小路这个静物动化,活动起来,使小路呈现蜿蜒曲折的美姿,而且暗写树木的葱茏,林与路掩映,引人遐想。"挂"显气势,"飘"显轻逸,轻重糅用,意境优美。句式的安排对表达诗的情意的作用也应仔细推敲。长句短句、整句散句、陈述句、感叹句等运用的精当、和谐,就能传诗情,表画意。同一个意思,用回环往复的语句表现,感情就强烈,感染力就大。如"老人想得远,因为他站得高。老人站得高,才看得那么远","想""站","站""看",先果后因,再先因后果,回环往复,强调了高瞻远瞩的思想,歌颂了老人宽广的心胸和崇高的志向,加强了艺术表现力。

　　读散文诗,要在朗读、吟诵上下功夫。反复诵读,含英咀华,展开联想与想象,思索探求,对诗中蕴含的思想感情、佳妙的构思、精彩的语言会理解得更为具体、实在、深入,感情上也会受到熏陶。

　　读散文诗的方法可在读的实践中创造。希望你在今后的阅读中积累经验,有所发现,有所创造。

　　祝你
进步

于漪
1985 年

自强不息,女教师们![1]
——复石惠芸老师

石惠芸老师:

信收到,已拜读。

您提出了一个很值得探讨的问题:语文教师队伍中的女性如何清醒地认识自己,扬长避短,自强不息,为语文教育事业的发展做出更大的贡献。

女性的语文教师,一般来说,有其天生的优势,如口齿清楚、语言流利、教态亲切、工作认真、考虑问题细致、模仿性比较强,因而,步入教坛后,兢兢业业,与男教师并驾齐驱,其中不乏佼佼者,不说别的,仅就公开课而言,与男教师比,确实毫不逊色。要研究的问题是如何有后劲,如何发挥潜在的力量,如何日有所进、月有所进、年有所进,成为学者型的教师,在理论和实践结合上有所创新,有所建树。

我与您一样,是一名普通的语文教师,所不同的是我从事教学实践的时间长,碰到的困难、挫折比您多,虽然积累了一点经验,但教训更多。下面就您提出的问题谈点看法,很不成熟。

毋庸讳言,女教师要在事业上取得成就比男教师更为艰辛,付出的

---

[1] 本文是作者回复贵州偏远山区一位素不相识的教研员的信件,她与全国各地教师结下的友谊往往始于鸿雁传书的神交。

精力要更多。由于历史的原因、社会的条件,人们长期形成的观念是男子在事业上冲锋陷阵,男子顶天顶家门。尽管1949年后,我国一直强调妇女半边天,并在法律上、政策上作了种种规定,但观念的彻底转变绝非短时期能奏效,遇到具体问题,女性的地位、作用就不知不觉下降。再说,家务劳动的担子,一般情况主要是妇女担当,要花费不少时间与精力。社会上某些行业特别需要女性的天赋,如音乐、舞蹈、某些戏剧。女子在这些方面的成就能与男子平分秋色外,其他往往及不上男子。放眼看,发达国家也是如此。历史条件、社会条件对女性的制约是客观存在的,不得不承认。

正因为如此,女性,包括女教师更要自强不息。教育事业的发展需要众多优秀的出类拔萃的女教师,而女教师通过自身坚韧不拔的努力,也完全能够适应这种需要。女教师要在语文教育事业中做强者,须在以下几个方面有突破。

一、心胸

心胸要宽广。一名女教师如果把搞好语文教育事业只局限在课堂教学上,那是远远不够的。当然,认真钻研教材,把课教好,这是基础,但胸中不能只是装着"课",要想得更深、想得更远、想得更广。培养学生正确理解与运用祖国语言文字的能力,伴随着语文能力的训练,给学生以良好的熏陶感染,造良好的人格,这是语文教师教学的近期目标。语文教学的终极目标是育人,今日更应着眼于培养出跨世纪的祖国有用之材。他们是脱离愚昧的,有文化教养的,是能明辨是非,思想、道德、心理素质健康的、优良的。站在今日的三尺讲台教,要想到明日建设者的形象,教在今天,想到明天,以明日建设者的要求审视今日的教学,脑子里就会产生许多问题,就会衡量种种认识和做法的正确、差错或不完善,就会积极主动地寻求解决问题的途径与方法。俗话说:登高才能望远,居高才能临下。胸中装着学生的今天和明天,装着语文一堂堂具体的课,又装着探求语文教学规律的昔日情景、今日现状与明日蓝图。微观上钻研,宏观上思考,脑中就会有涟漪,有波涛。

众所周知,"学而不思则罔"。当一名教师,最可怕的是不爱思考问题,不善于思考问题。教学中只重视具体操作,不站在事业的高度精心探究操作的指导思想、操作的利弊得失和形成原因及改进措施等,充其量只能成为熟练工,其结果必然是裹足不前。有的人教了几十年语文,说不出一点切中肯綮的见解,大概就源于此。

要在语文教育事业中做强者,须有拥抱语文教育世界、拥抱学生世界的心胸,不为鸡虫得失之事所困扰。生活中、工作中会碰到这样那样的困难,这样那样不顺心的事,千万不能心眼窄,耿耿于怀,要有大丈夫气,提得起,放得下。一要把事情看透。刮风还有东南西北之分,怎可能事事顺心?更何况自己不可能事事正确。二要有点幽默感。即使受点委屈,也没有什么了不起,可长知识,长学问,增加阅历。人不是玻璃制品,碰不得。"心"只是方寸之地,不相干的乱七八糟的东西放多了,留给语文教育只有立锥之地,怎么干大事业呢?心胸宽广还指乐意容纳别人的优点,别人的长处。自己再好的经验说到底也不过是一孔之见,不可能覆盖一切,别人哪怕教学中有不少缺点或不足之处,只要有可取的精华,都要努力吸收。一个人头上一片天,各有所长,各有创造,要包打天下,包揽一切,不可能。聪明的总能敏锐地发现别人的长处,真心学习,丰富自己;愚蠢的就往往闭目塞听,孤芳自赏,因而,也就难有进步。

心系语文教育事业,心系可爱的学生,心胸就会宽广起来。

二、视野

视野要开阔。语文教师当然要熟悉语文教材,掌握语文教材,但仅仅限于此,那就远远不够了。业务上、学术上能不能出成果,非常重要的是看基础宽不宽,扎不扎实。金字塔形的结构是有道理的。涉猎的知识越多,越能触类旁通,对自己本学科的钻研越能从不同角度思考、认识。语文学科的特点之一是综合性强,仅就教材而言,古今中外的作品都有,可以说是上自天文,下至地理,无所不包。它涉及语言学、文学、哲学、历史、美学、艺术、戏剧以及自然科学等。教师在教学中要取得主动权,克服捉襟见肘的窘态,就要广为学习,成为"杂家"。学习不能功利主义,需要教什么,才学点什么。拓展不开,必然底气不足。有的理论学了,可能立刻教学上派用场,如学习教育学、心理学,可用来研究语文教学原则,研究学生学习语文的心理,可改进教学方法。有些理论、有些知识学了,似乎对学科教学不直接有用,但是它们可以开启智慧,构成文化教养。吸取的精神养料储存在脑子里,突然有所需要,往往就会一跃而出。课堂教学中应变能力的强弱,教育机智的发挥,并不在于某位教师特别聪明,而是在于知识储存丰厚不丰厚,视野开阔不开阔。

对女教师来说,"学"尤为重要。要在工作、家务之余挤出时间读书。读书就是充电,不断充电,视野日益开阔,知识日益富有,教学就有后劲,工作就能出成绩,不少女教师工作开始的几年,业务水平、教学水平有明显进步,到了一定程度步入了"高原地带",在原有水平上徘徊不前。主观上想突破,更上一层楼,客观上难以进展,重要原因是不重视以新知识新信息充实自己的头脑。问君那得清如许?为有源头活水来。教师自己知识长流水,才可能以清泉灌溉学生。

学习很苦,但也乐趣无穷。每读一本好书,一篇好文章,就会体验到是和智人谈话,天外有天,楼外有楼,自己须奋起,须追求。哪怕是看画册,读歌词,也会浮想联翩,从中获得启发。佳作要精读,一日不多,十日许多,最重要的是锲而不舍。读书不只是看,眼睛对着书,不能算读。要理解,要思考,要读进去成为自己拥有的知识。

时代飞速发展,新知识层出不穷。大量的并不要求甚解,一名语文教师也"甚解"不了,但要关心,要广为浏览,有大致的了解,国内的要了解,国外的也要关心。广为涉猎,视野开阔,认识问题、思考问题的知识背景、智力背景就广阔得多,教课也就常常能左右逢源,游刃有余,出现"神来之笔"。

三、功底

功底要扎实。万丈高楼平地起,要盖数十层的高楼大厦,基础一定要深、正、扎实。当教师也一样,要合格、要胜任、要有后劲,功底必须打得扎实。职前教育,在大学求学期间应认真学习,打下厚实的文化基础与专业基础,但能不能真正成才,还得靠岗位上不断学习,不断努力。因为,学历水平不等于岗位水平,岗位上需要综合能力,有志者主动锻炼,积极探求,必能取得良好效果。

岗位锻炼除上述广泛学习之外,要紧紧围绕学科教学需要练就教学的真本领。打铁要靠自身硬,要培养学生读、写、听、说与自学的能力,作为教师,就要在理解与运用祖国语言文字方面给他们做榜样。例如阅读理解能力,应进行严格的自我训练。要教学生读懂,自己先能独立分析,先能读懂。钻研教材从语言文字形式到思想内容,再从思想内容到语言文字形式,反复琢磨、推敲,从识字、解词、句子的构造与蕴含的深意,到篇章结构、写作主旨均要下功夫研究。能读懂文章的个性,尝到庖丁解牛的欢乐。一篇、两篇、五篇、十篇、几十篇、上百篇,独立分析,独立思考,拿到任何一篇佳作,就会一眼看清文章的思路,文章的来龙去脉,就能准确把握起灵魂作用的语句、段落,就可有穿透力、意会力、理解力,领悟到文字背后丰富的内涵,领悟到言外之意,言外之声。教学参考书可以参阅,但只能是"参阅",而且要在独立钻研、独立思考以后;别的教师的教案也可"参阅",但也只能在自己独立钻研的基础上。教学参考书也好,别人的教案也好,都是别人钻研教材的所得,照搬照抄,不仅不能教好课,而且抑制了自己自学能力和创造思维的发展。再说,一篇课文的阅读分析本应丰富多彩,理解、领悟不尽相同十分正常,无须对参考书有"朝圣"的感情。备课,钻研教材,倒是应该多多翻阅有关的资料,特别是比较深奥的文章,更应把事情的原委、论据的确凿与否弄得一清二楚。

语文教师的听说能力也要积极锻炼。听的敏捷性、准确性十分重要。教师面对几十名学生,他们提的问题,发表的意见,要能迅速反应,及时筛选,掌握要点。教与学是师生的双边活动,及时而迅速地交流,教师的语言才能在学生心中弹奏。教师的语言要有吸引力,正确、生动、优美,给学生学习语言做榜样。语言要像磁石吸铁一样,牢牢吸引学生,教师的口头语言能力不是天生成的,尽管女教师这方面是强项,但要达到"出口成章"的程度同样要进行艰苦的训练。口头语言有高下、雅俗之分,教师的教学用语要能反映文化人的气质,当然要在高雅上下功夫。但又不能佶屈聱牙,故作高深,要词汇丰富,句式多样,通俗易懂,言简意明,至于语病、粗俗,当然应清除。言为心声,炼语言实际上是炼思想、炼思路、炼情操。教师语言优美、生动,学生容易入耳入心,置身于语言熏陶之中,学得愉快,学得有实效。

写,是教师的一大难题,尤其是女教师,有的人课教得很好,就是怕动笔。语文教师必须会动笔,会写文章。自己无写作的甘苦,无书面表达的真切感受,写作教学往往是空对空,指导干巴巴,点不到关键处,点不到要害。写,是提高业务水平和教学水平的必由之路。写不写得出来,往往误以为是语言文字的掌握问题,其实不然。对教师来说,都有一定的文化,关键在对问题的认识与思考,能不能把点滴的教学经验以理论的红线穿起来,能不能去粗取精、去伪存真、由此及彼、由表及里,把感性认识上升到理性认识。写文章,实质上是炼认识问题、剖析问题的能力,是使想法清晰化、条理化的能力。说比想进了一步,写比说更进了一步。经常写,促使自己钻研,促使自己把教学中碰到的问题梳理清楚。"下笔成文"是目标,只要坚持不懈地努力,也是可以做到的。

根深才能枝繁叶茂。边教边学,边学边教,在教学实践中不断夯实地基,就会增添后劲。

四、毅力

要有坚韧不拔的毅力。语文教学不是百米冲刺,而是万米赛跑,它需要耐心,需要韧劲,需要坚强的意志与毅力。别说学生学会一点知识,练就一点能力不容易,我们做教师的学会教学又谈何容易?语文教学是科学,又是艺术,它要求知识面宽,技能性强,人文学科要广为涉猎,自然科学要有所接触,有所了解,哪怕是极表面的,极肤浅的。因而,毋庸讳言,在语文教学的道路上会碰到各种各样的困难,各种各样的障碍。笑迎困难,鼓足勇气,跨越过去,就是胜利;犹豫不决,畏首畏尾,必然迈不开前进的步伐。

女教师一般说来比较柔弱,克服困难的锐气与勇气常不及男子,这方面更要积极锻炼,毅力就表现在不断地和自己的无知"斗"。门外汉对任何一件事,看起来都觉得是轻而易举的,入了门之后,方知要做成一件事、做好一件事是多么不容易。教语文也是如此。无知者会随意批评、随意吹捧,不负责任;浅尝者以依样画葫芦为满足;有志入语文教学深宫探宝者就觉得自己浅陋,要奋发追求。比如对词义的理解,稍一疏忽,就会出差错。"阳春白雪"这个成语常用来喻音乐则为高级音乐,喻文学则为高深文学,喻艺术则为高超艺术。读了宋玉《对楚王问》,方知程度与原意有差别。《对楚王问》中这样说:"客有歌于郢中者,其始曰《下里巴人》,国中属而和者数千人……其为《阳春白雪》,国中属而和者不过数十人。引商刻羽,杂以流徵,国中属而和者,不过数人而已,是其曲弥高,其和弥寡。"由此可见,《阳春白雪》在楚国郢都不过是较高级的歌曲。不仅是一个成语,其实,在钻研教材时,进行课堂教学实践时,一知半解的情况屡见不鲜。《庄子·列御寇》中说:"千金之珠,必在九重之渊而骊龙颔下。"没有入深渊的勇气与毅力,是采不到"千金之珠"的。

毅力还表现在不断地和外界干扰的因素"斗"。人生活在社会中，与别人交往，不可避免会有这样那样的矛盾，处理不好，就会干扰工作，影响工作进展。处世接物，责己严，待人宽，心态就平衡，不知不觉地排除了干扰。排除不了的，更要正确对待。你课教得好，有人说三道四，或过分挑剔，那就要冷静。一要虚心，别人意见只要有正确的成分，都应吸收；二要长志气，更加刻苦，力求扬长补短，教得更好。真正坚持不懈地努力，不断有长进，必然得到大家的认可，干扰也就会日渐减少。就怕莫名其妙地自以为了不起，或者一听到不顺耳的意见就打退堂鼓。现在市场经济活跃，有的老师心里不平衡，认为自己干得不比别人少，不比别人差，不过是人家"广告"做得好罢了。碰到这种新情况，自己心底要保持纯净。市侩作风对语文教学阵地确实有侵袭，自我包装，像炒股票一样炒自己也时有耳闻。但教师毕竟是教师，要做实事，做真人。自己心中应该有杆秤，要向道德高尚的语文前辈学习，向真正学者专家学习。只要是玫瑰，它总是会开花的。只要坚持不懈地努力，为教好学生、发展语文教育事业做贡献，终究会被人发现，得到大家的承认与尊重。不过，仍须清醒地认识，追求的目标是让学生学好语文，学生成才。

　　我当了一辈子教师，教了一辈子语文，上了一辈子深感遗憾的课。我深深地体会到"永不满足"是必须遵循的信条。正如诗剧《浮士德》中的主人公浮士德所说："要是有那么一刹那，对我说：停住吧，你是多么美好！那时也就敲响了我的丧钟。"浮士德上天下地求索，经历了爱情的悲剧、事业的悲剧，什么都一场空，但是他没有灰心。最后，他在一块荒芜不毛的海滩上建立起人间的乐园，心里一片光明，情不自禁脱口而出："停住吧，你是多么美好！"这一刹那，浮士德倒地死去，满足意味着生命的结束。

　　语文教学探索无止境，女教师们只要对事业情深如海，只要心胸宽广，视野开阔，功底扎实，只要有非凡的勇气和毅力，必然在教学征途上留下一串串闪光的脚印，用人格和智慧谱写的语文教学乐章必然经久地在学生心中回荡。以上鄙陋之见,仅供参考。

敬颂

教祺!

于漪 上

1996 年 11 月

附:石惠芸给作者的信(有删节)

于漪老师:

您好!

我是贵州一个偏远山区的中学语文教研员。工作中我发现,在中学语文教学这块土地上,辛勤耕耘着的女教师占相当比例。在大学读书时,她们中间不乏佼佼者,登上讲台后,她们和男教师一起,孜孜不倦地教书育人,满腔热忱地奉献青春年华。可是,10 年、20 年后,她们中间有成就者却寥寥无几,卓有成就者更是凤毛麟角。于老师,您是教育战线上不让"须眉"的英杰,是我们女教师敬仰的楷模,您能给我们谈谈您对这种现象的看法吗?您能就您所走过的不平凡的路,给我们一点启示和教诲吗?

敬祝

健康!

您的学生石惠芸

1996 年 9 月 6 日

祝愿再创辉煌[①]
——《人民教育》创刊 50 周年贺词

在《人民教育》50 周年华诞之际,我作为一名老教师,特致以衷心的祝贺。

《人民教育》是我们教师自己的杂志,它宣传教育法规,宣传国家的教育方针、政策,开辟多种论坛,开阔视野,活跃思维,及时报道教育教学先进典型、先进经验,及时反映全国各地教育改革动态,它是一部丰富的、充满时代气息的教育读本,我从中获得过许多精神养料。有些文章我一而再、再而三地阅读,联系自己的工作实践,明方向,找差距,订措施,振奋精神,苦干实干,努力创新。从这个方面说,这本读本是我教学生涯中的精神加油站,促使我产生了不懈的动力。

最令我难忘的是 20 世纪 80 年代后期《人民教育》杂志记者来我校采访时的情景。他们不是走马观花,只听学校负责人口头述说,而是住进学校,沉到教师与学生当中,从早锻炼看到晚自修熄灯;从课堂看到操场、宿舍、课外活动;与师生座谈、交流,个别访问,深入实际,调查研究。这种眼睛向下、扎实工作的作风,深受师生欢迎,也深得师生好评。尤其难能可贵的是他们深入基层认真调研的作风,大大增加了通讯报道的可信度,使师生受到了教育。

---

① 本文发表于《人民教育》2000 年第 5 期。

来采访的同志思想的敏锐也令人敬佩。当时国家教委对师范教育抓得很紧，办师范学校的条件很有利，但由于社会上有不少因素的干扰，师范学校要办好、要办出上乘质量却非易事。于是我们分析了大气候、小环境等诸多有利与不利因素，认清现状，明确目标，展望未来，提出要抵御外面不良因素的浸染，首先是强内，狠抓学校内部的思想建设、道德建设，狠抓校风、教风、学风建设。以"一身正气，为人师表"作为办学的精神支柱，以"两代师表一起抓"建设教师队伍和培养学生队伍。记者对我们的各种做法提出一系列问题，追根溯源，剖析得失。通过反复比较，反复捶打，我们更坚定了办学必须具备"三个制高点"的信念，即站在时代高度、战略高度和与发达国家基础教育竞争的高度来思考问题，指导行动，提高办学质量。窥一斑而知全豹。我们第二师范学校是一所普通的基层学校，《人民教育》记者就花那么多的气力来调查、了解、总结、促进，从中可体会到这本杂志的编采人员对教育事业是何等的忠诚。

　　《人民教育》走过了50年不平凡的路，创造了不平凡的业绩。而今，科教兴国的战略思想日益深入人心，关心教育、支持教育的力度不断增强，教育事业前程似锦，祝愿《人民教育》在新的世纪里再创辉煌！

于漪

关于苏教版初中语文教材通信一组
（致洪宗礼）[1]

一

洪老师：

　　您好！

　　来信谈及建筑方面的文言短文不易选，确实有同感。一是古代建筑有其特征，学生不熟悉；二是文字上有障碍。最好是文章短小，文字不深，适合初中生阅读。建筑物最好是学生不太陌生的。

　　匆忙中选了几篇，不知合适否？现寄上，请审阅。

　　敬颂

教安！

于漪　上

2000 年 10 月 6 日

---

[1]《语文学习》从 2010 年第 9 期始，陆续刊登了 6 期"于漪语文教育书简"，是研究作者语文教育思想极为珍贵的历史资料。

二

洪老师：

　　您好！

　　昨天读到《文汇报》上登载的一篇有关环境保护的新华社专稿，现寄上，请审阅。

　　该文内容具体，文字也可以。

　　环保是工业社会严重污染后提出的问题，古诗文中不大可能有反映。如果从热爱自然、热爱生灵的角度考虑，会找到一点。我会继续注意。

　　敬颂
冬安！

于漪　上

2002年12月13日

三

洪老师：

　　您好！

　　大函敬悉。您说有教师向您质疑，说教材中拙作《往事依依》关于《评注图像水浒传》一书查无实据，说查检了《水浒传》的许多版本，未查到《评注图像水浒传》，断言无这本书，是差错。

　　这位执教老师对课文深入钻研，处处求落实的认真负责态度令人尊敬。教学确实不能大而化之，更不能绕道走，否则，就会以其昏昏，使人昭昭了。

　　《水浒传》的版本确实很多，在这方面如不做专门研究，恐难翻查得周全。《评注图像水浒传》是我小时候看的书,线装油光纸本,直排,两函 12 本,封面已烂,用牛皮纸重新装订过,现在仍放在我的书架上。为了让这位老师教得放心,印几页寄上,请转寄给这位老师,并代致谢意。

专复。

敬颂

教安!

于漪 上

2003 年 5 月 10 日

语文与文学教育(致王尚文)

王教授:

向您拜个晚年,恭祝身体康健,事业发展,阖家幸福!

您和胡教授的大作均拜读,文中对提高学生语文素质的殷殷之情与对语文教育任务剖析的精辟见解,令我深受教育。由于春节前后杂事缠身,又赴外地出差,未能及时向您汇报学习体会,请您和胡教授见谅。

百年来语文教育的发展曲曲折折,我们当中学语文教师的,说老实话,也是跟着备受折腾。在现代国民教育中加强文学教育,提高受教育者的文化品位,加强文化积淀,绝对是正确的、有益的。现在高中语文课程标准中规定必修课仅10个学分,选修课达8个甚至14个学分,选修课中相当部分是文学教育课。

作为初高中必修课的语文,目前要"一分为二"似有相当难度。从国内外课程发展的态势看,基础教育阶段探索的重点在于整合、综合,自然学科、社会学科均有此趋势,且有些学科综合已在小范围内试验。再则,中学设置的科目繁多,不断做加法,学生负担甚重,每个科目都要考试,师生均颇受累。再从1949年以来第八次课程教材改革来看,基础教育强调的是以促进学生发展为本。从以往的以知识为本、以知识体系为本转换到以学生为本,是教育理念上的极大转变。中学课程中要讲知识、讲能力,但不刻意追求知识的系统性。原先的语文教材几乎是个大拼盘，由比较系统的汉语知识、文学知识、修辞知识、逻辑知识等拼在一起，现在回顾起来，往往顾此失彼，引出众多非议，而学生真正的语文水平并不令人满意。现在新课标强调学生的语文素养，高中十分重视应用、审美、探究能力，与社会需要紧密相连。

中国的基础教育底盘大，动一动就是几千万甚至以亿计算的学生。其实，做一点小规模的实验，真正做点细致深入的科学研究，实事求是地总结经验教训，对探究学科底里、推动学科教学发展是大有益处的。

以上是浅陋之见，不一定对，请批评指正。

敬颂
春安！

于漪　上
2004 年 2 月 20 日

语文教学应还语文以本来面目(致庄文中)

文中同志:

您好。

课本和读本收到,谢谢。读到来信,非常高兴。您还在耕耘,而且出成果,足可得到安慰。这册课本与前次的比,我觉得更好一些。有些文章别人不大会选了,其实很不错,学生读了有益。

语文教学永远是说不清的问题,面广量大;历史的,现状的;本身的,周边的。我长期在第一线执教,是是非非有自己的看法。原本语文教学还在学语文,从标准化试题笼罩后,"文"几乎荡然无存,机械训练充斥课堂内外。专门搞题海题库的人发了大财,有的命题、印题的专业户富达几千万。钱毕竟还是小事,孩子不读书,无文化,不明做人之道是大事。语文教学确实要改,还语文本来面目,并因时代进步而发展,当然不是作秀,不是新名词大串联。第一线的教师包括校长先生们对教改的意义、内涵究竟领悟到什么程度,该怎么实施,难说。搞基础教育的天条似乎只有一个——"高考",把这个奉为神灵,当然,要做一点素质教育的事,就难上加难了。不是教什么考什么,而是考什么教什么,不知何时才能冲出这个怪圈。

有次开会,说到改革要改满堂灌。我说了句不中听的话,我说我听了一点课,不多,给我的印象是满堂问满堂闹,现在还有几个教师能侃侃而谈满堂灌?要说有点本事,就是解题,《一课一练》,没有本事高谈阔论，也写不出文章，思想枯竭，文采全无。除了有些新生代、新新生代耍笔杆子，吊什么前沿学问来唬人外，踏踏实实教学，为了学生语文素养的全面提高而尽心尽力奉献的实在不多见。可悲！

上海也奇热，暴雨骤然降临，突然成灾，死了人。但马路积水很快排泄。说老实话，上海城市管理还是有相当水平的。

我身体尚可，老牛破车，离不开药。不少时候还要瞎忙，忙些自己并不愿做的事。

教材本应是教师与学生的必需，现在夹以市场，花头就多得令人目眩。有些人什么都要，什么都要挂名，因为名和利是连在一起的。有些杂志在我不知晓时也挂了我的名，当然，利是一分也没有，奉送一本杂志。因为我们这些人已无实用价值，"名"还是可以的，有实用价值的却全然不一样。做了一辈子教师，怎么也没有想到商业对教育的浸染是如此厉害。我常听说，要搞教材，要搞什么，先拜"佛"。想当年，你们编教材也不拜我们，我们也不拜你们，想得十分简单，你们怎样把教材编得更好，我们怎样用好教材。简单，简单得可爱。

到上海来时，欢迎通知一声，一定款待您。唠叨了一阵，博您一笑。

祝

暑安！

于漪　上

2004年7月21日

求学不读书,是蹉跎岁月(致甘其勋)

甘老师:

您好!

寄来的《文章教育学》收到,谢谢您的馈赠。

你们办的报纸,特别是您负责的《阅读》,每期有实实在在的内容,在浮躁风盛行、不读书不以为耻的情况下,能坚持办好,实在不易。

语文教学落到如此尴尬的境地,真是一言难尽。作家白先勇说过,"百年中文,内忧外患"。此话似乎越来越得到验证。西方强势语言的大举进入,连幼儿园的一些幼童都被"俘虏",在成人的影响下,把西语看作"走遍天下"的宝物,更不用说用作择校的敲门砖了。昨日读《环球时报》(7月12日)上王达三的文章,说美国迪士尼公司计划今后5年内在中国建立近150所连锁英语学校,采用唐老鸭、米老鼠等卡通形象辅助教学活动,预计每年将吸引约15万中国儿童参加学习,此举用于对付中国在美的汉语教学。据保守估计,未来5年这些连锁英语学校,营运利润将远远超过1亿美元。既能赚个盆满钵满,又能传播美国英语文化,一举两得。读后令人不寒而栗。对把汉语这个民族文化的根种植在儿童心中的必要性和重要性,我们许多人竟然茫然无知,可悲可叹。西语不是不要学,要走向世界,应该学,而且要学好,问题在什么时候学,摆在什么位置上,目的何在。崇拜西语,冷淡轻视汉语,把做中国人的"根"都忽略掉,将来思想、感情、精神不知游荡到何方。

对语文教学的历史、现状与走向也是众说纷纭。埋头第一线的几乎没有不被分数所桎梏,为考而教,明知不可而为之,无可奈何。而专攻考术的人和单位,由于厚利的驱动,倾销各类题目以供操练,挤压掉自由阅读,挤压掉兴趣爱好,挤压掉独立思考,管它什么语文教学规律,管它什么语文对人终身发展应起的作用。急功近利,商业运作,学科受损,学生倒霉。学生青春只有一次,青春是无价宝,在求学不读书中度过,相当程度是蹉跎岁月。

扑在教学第一线的往往很少有发言权,不在课堂上实践的发言机会很多。开展研究,探索语文教学规律,求得语文质量真正提高应该是师生之福。但常为有些现象弄糊涂,一是外来名词术语一大堆,颇像广告词,换土移栽,给人以水土不服之感。毕竟汉语言文字和西语有质的不同,校情、教情、学情更是迥然有异。借鉴、吸收、消化是必需的,照搬、模仿纯属下策。二是忙于建构体系的,苦心经营,总想出现"里程碑"式的成套经验或学术巨著,以指挥全国语文教学的走向。有这样的宏愿无可厚非,关键在于要眼睛向下,真正沉到教学实践中,把教学现状的利弊得失摸得个八九不离十,否则,半空运转,说得再好也无补于解语文教师之惑,无补于语文教学质量的有效提升。

教育当中,语文教学当中,有许多说不清道不明的事,我做了一辈子教师,为了教好学生,一直觉得奉献精神很重要。现在深感还得有牺牲精神。我说的牺牲精神不是以生命相许,舍命,而是要舍弃一些名和利。舍弃名和利的诱惑,讨论问题可能就没有虚头,更本真,更敬畏语文教学规律,更尊重教者与学者,更能涌现真知灼见,为语文教学的发展提供精神指引。

馈赠的新书勾起了我的思绪,说了一大堆话,言不及义,请批评指正。

  即颂

夏祺!

于漪　上

2004 年 7 月 28 日

写字须从正楷始(致罗易)

罗易同志：

您好。

我不善书，于书法不轻易置一词。但因看过古今书家一些名作，多少也有点看法。浅见之一是凡学写字必须首先把正楷写好，打下扎实的基础。最不喜欢有些所谓书家一开头把字写怪写丑骗人。唐诗人卢仝诗险怪，金诗人元遗山评其诗有"真书不入今人眼，儿辈从教鬼画符"之句，正可以借来送赠此辈人。

多年来也看过不少为学生写的字帖，凡是老老实实规规矩矩的都不错，至少不把学生引入歧途，承蒙寄赠所写字帖，打开一看，眼睛一亮，字写得清新俊逸，美不胜收，可算是钢笔字艺术精品。前途无量，可喜可贺。

题赠我的字是毛笔字，清丽秀雅，实在好。有这样坚实的毛笔字基础，钢笔字写得如此超凡，当然不在话下。

翻开您的字帖，就情不自禁地想到20多年前与廖晏钟同志谈到培养青年教师的重要，谈到您的优势与潜力。廖老师是个好人，当时，不少教研员忙着自己出名，像他那样甘为人梯的不多。每次我去广州，他和叶老师总是盛情接待，深厚友情我总难以忘怀。近些年来，我年老多病，极少外出，不知廖老师近况如何，如有联系电话或地址，请便中告知。

再次向您致谢意。

即颂

教安！

于漪　上

2005 年 10 月 14 日

语文素养重在积累（致佟春丽）

佟春丽老师：

您好。

您寄来的大作《习字累词练句摹章》早已收到。由于工作繁忙，身体又欠佳，未能及时回复，请原谅。

您花时间读书，并联系自己的教学实践谈心得体会，可见您工作认真、积极上进，难怪贵校老教师对您的进步非常惊喜。

语文教学是高难度的教学。就从教者而言，不仅要有扎实的专业知识、专业技能，较为厚实的文化底蕴，而且要树立正确的教材观、教学观、学生观，以正确的教学理念指导教学实践，适应时代的需要、学生身心的需要。就学生而言，语文能力、语文素养的提高不可能一蹴而就，也绝非纯技术问题，而是有个积累的过程。积累思想、积累词句、积累生活经验和学习经验、积累多方面的知识。语文水平的提高必定伴随着见识的增长、认识能力的提升、对语言文字表现力的感悟。那种应试，《一课一练》，不是培养学生语文能力的真本领，不过是应考的敲门砖而已。学生的阅读能力是在精读、广泛阅读的过程中培养出来的；写作能力是在写作实践中反复琢磨获得提高的。立竿见影的说法不过是糊弄人而已。

语言文字用来表情达意。"表"与"达"是语言形式，"情"与"意"是内涵，二者密不可分。离开了情和意，语言文字就是僵死的符号，表现力、生命力就丧失;离开了语言文字讲情和意,就不是语文教学的任务。在教学进程中,由于对其本质特征缺乏深入理解,往往人为地割裂,影响语文教学的整体质量。这种现象的发生往往是由于二元对立的浅表性思考习惯作祟。本是融合一体的东西,似乎只能非此即彼,或非彼即此。这一点,您要多认真思考。

匆匆写几句,不妥之处请批评。

致

礼!

于漪　上
2009 年 9 月 24 日

"上海市教师书画篆刻作品展"前言

"上海市教师书画篆刻作品展"至今已是第9届。此次展出欣逢第20届教师节,更增添了喜庆意义。

我国教师肩负着培养学生成为社会主义建设者和接班人的重任,光荣而艰巨。教师是塑造学生优美心灵的工程师,因此,自身必须是心灵优美品德高尚的人。书画篆刻艺术正是加深自己思想道德修养达到此目的的好途径,难怪许多教师对此一往情深,乐此不疲,创作出不少好作品,在此与广大艺术爱好者见面。

从事艺术创作能使人精神升华,心灵自由,忘怀得失,怡然自乐。艺术家在精神上是自由自在的。《庄子》有则寓言:宋元君要画图,画师们恭恭敬敬拘谨待命的有半数;其余半数在外纷纷往内挤,只有一人不着急。只见他解开衣服,裸露身体,两足相交安坐。宋元君认定他才是个真正的画师。这就是从艺者津津乐道的"解衣般礴"的境界。这画师精神上是多么自由自在。我想,这里参展的教师在创作时一定会有同感的。

作品展出,热烈欢迎广大师生、社会各界人士参观指教。期盼参观者看到这些精心创作的好作品,能与创作者精神交流,灵犀一点,莫逆于心!

于漪

2001年9月

运用记忆的支撑点[①]

山东省淄博市临淄八中田向薇同学问怎样才能又快又好地记住应背诵的东西,而又不易忘记。

这个问题问得好。在语文学习中要重视积累,要积累语言,积累美文佳作,积累精彩、深刻的思想,使自己成为有文化底蕴的人。

积累就要记忆,记忆离不开背诵。记忆,包括"记"和"忆"。"记"就是记住、记牢,在心理学上叫识记、保持;"忆"就是重新认出来,或回想起来,这叫作再认或再现。总的来说,记忆就是把学习的成果保持在脑中。记忆常被分为机械记忆和逻辑记忆,机械记忆就是通常说的背诵。背诵也要讲究方法,要建立在科学的基础之上。如果把接触到的诗文不加分析地硬往脑子里塞,不仅该记的记不住,而且把脑子搅得混乱一片。

俄国生物学家巴甫洛夫认为,记忆是人的大脑皮层上暂时神经联系的形成、巩固和恢复的过程。他认为人们感知事物或思考问题,都会在大脑皮层中形成某些兴奋点,各个兴奋点有神经通路彼此联系,事过以后,这些兴奋点和神经通路便以"痕迹"的方式留在大脑皮层中。在某种刺激的影响下,它们又会重新呈现。很显然,要背诵某些诗文,提高记忆的效率,就要注意形成兴奋点,注意在兴奋点之间接通思路。怎

[①] 本文发表于《语文世界(初中版)》2002年第3期。

样才能做到这一点呢?

理解是记忆的基础,不理解内容只是机械重复许多次,在记忆过程中不注意开展积极的思维活动,那就会事倍而功半,记忆的效果不佳。背诵一篇文章,须在脑子里构成一幅有许多记忆支撑点构成的网络图。第一步,先梳理大骨架。文章写什么,先写什么,后写什么,再写什么,把握文章全貌,轮廓在胸。第二步,再理小线条。有哪几条线,一条条线理清楚,脑中井然有序,记起来就方便。第三步,抓关键词语,把它们作为记忆的支撑点。弄清楚每条线上有哪些支撑点,点与点是怎样联系、接通的。掌握这些要领,兴奋点牢固,再长的课文背起来难度也会降低。比如背诵孟子的《生于忧患,死于安乐》,先把握其骨架:先讲舜等六人终能承担大任,然后述说怎样受磨炼才能担当大任;再进而述说一个人错误常常发生,才能改正,心意困苦,思虑阻塞,才能有所奋发而创造,表现在面色上,发表在言语中,才能被人了解,一个国家没有有法度的大臣和辅弼之士,国外无抗衡的邻国与外患,常易灭亡;最后揭示生于忧患,死于安乐的道理。骨架把握了,线条也清晰了。第1段写舜等六人,舜、傅说、胶鬲、管夷吾、孙叔敖、百里奚就是这条线上的六个支撑点,按先后顺序记,背起来就容易了。背第2段时,可运用"苦""劳""饿""空""行"等支撑点使思维兴奋起来,句子就会如流水一般淌出来,背诵起来就会快得多,也轻松得多。当然,要熟读,如果读得疙疙瘩瘩,只靠强记,效果必不理想。

联想在记忆中能起纽带作用。通过联想,可寻找记忆的支撑点。如关于闰土的肖像描写,抓住他少年时代的圆脸、小毡帽和颈上套着的银项圈作为支撑点,引起对相反事物特点的联想,就能记住中年闰土的衰老、麻木、迟钝的形象。也可从相似的角度联想、记忆。如学《白雪歌送武判官归京》,其中有"忽如一夜春风来,千树万树梨花开"诗句,可联想雪与梨花的白色相似点,再联想《驿路梨花》中"白色梨花开满枝头",

白色花瓣轻轻飘落在赶路人身上的情景。记忆的支撑点很多,把握它们,运用它们,记起来就十分方便。

背诵时,不妨用上述的方法试一试,看看效果如何。至于前背后忘的问题,由于文章篇幅所限,以后再讨论。

学会整体感知[①]

山西省太原西山五中郑强同学来信说，自己的阅读能力不强，有时文章读三四遍就是读不懂，更不用说怎样分析得透彻了。正因为如此，见了阅读题不是干瞪眼，就是回答得乱七八糟，希望寻找到解决问题的好办法。

郑强同学的心情是可以理解的。首先须清醒地认识到作为现代人，阅读能力的提高至关重要，切不可掉以轻心。社会飞速发展，信息如潮涌，置身于这样的时代潮流中，对信息的识别、判断、处理、吸收的能力，从学生时代起就要认真培养与提高。怎样才能提高阅读理解的能力呢？途径与方法甚多，就阅读课文与相关文章而言，应学会整体感知。

阅读课文时目中一定要有"文"。文章是有机的整体，是作者用一定的方式选用某些语言文字表达自己的情和意，实现自己的写作意图。阅读时千万不能只见个别词句、段落而忘记整体。而事实上，目中无"文"，胸中无"文"，词句的理解也不可能正确与深入。

要对文章整体感知，须抓住三个问题思考：（1）这篇文章写什么？（2）是怎样写的？（3）为什么这样写而不那样写？默读也好，朗读也好，先要弄清楚作者在这篇文章里写什么。如阅读《从百草园到三味书屋》，就应弄明白作者着力写童年时代两个生活横断面——"百草园"

[①] 本文发表于《语文世界（初中版）》2002年第5期。

"三味书屋",而"从"与"到"把两个生活横断面连缀起来了。连缀起来写什么呢?写作者童年入学前后的生活,有欢乐,有受拘束与不满。怎样写的呢?用对照的手法写。入私塾前自由快乐,百草园就是乐园;入私塾后封建教育束缚儿童身心的发展,三味书屋陈腐的教学内容和落后的教育方式对儿童来说,是捆绑,是一种灾难。为什么要采用这样的手法来写呢?态度鲜明,把儿童热爱大自然、喜爱自由生活、喜爱玩耍的心理及对束缚自由的陈旧教育的不满表现得淋漓尽致。写百草园的欢乐倾注真情,天上飞的、草里跳的、泥里伏的,无不是灵动的、有趣的;菜畦、桑葚、皂荚树、覆盆子等,色彩斑斓,悦目赏心;雪天捕鸟,更是兴奋惊喜,乐在其中。写三味书屋,同样不忘儿童的性情。儿童眼中的"先生",儿童读书的情景,儿童偷着活动的趣事,与百草园相比,自由活动天地狭窄了,身心受到束缚。以欢乐与不快对照,爱憎的感情洋溢纸上。

文章无一定的程式,要表达这样的主题当然也可采用其他的写法。比如先写在三味书屋学习的情景,然后倒推到入学前在百草园游玩的情状。如果这样写,题目就得更改,不能"从"什么"到"什么。这篇回忆性的散文着力写儿时的欢乐,状物、叙事、写人,笔端无不含情,即使写三味书屋中受束缚,趣事也仍不少。文章的底色应是"快乐",按事情发生的先后顺序表达,自然、贴切。

阅读时当然要理解词句的含义,要借助词典,联系上下文,理解词句在语言环境中的恰当意义,并要辨别它们的感情色彩。例如,"总而言之:我将不能常到百草园了。Ade,我的蟋蟀们! Ade,我的覆盆子们和木莲们……"这一段,不仅总结上文,开启下文,而且用"我的"亲昵的口吻招呼蟋蟀、覆盆子、木莲,表达了无可奈何而又十分依恋的心情,设身处地想一想,读一读,就会感悟到语言中饱含的深情。

读课文整体感知要抓住三个问题,读其他文章也一样。持之以恒地读、思,阅读理解的能力就会明显提高。

祝贺（致顾黄初）

顾黄初老师：

金秋时节，欣逢先生从教 50 周年，我这名长期在语文教学第一线从教的教师，特向您致以衷心的祝贺与诚挚的敬意。

中学语文教学如何提高学生的语文综合素质，为发展健康的个性打下扎实的基础，确实是个不易解决的难题，更何况主客观因素的种种影响，仁者见仁，智者见智，众说纷纭。先生长期就此问题进行研究，对中国语文教育的历史与现状、教材的编写与使用、教法的改革等一系列领域深入进行探讨，以真知灼见指导教学实践，对语文教学做出了重大贡献。

先生语文教育思想研讨会乃语文界盛会，本当趋前参加，聆听教诲，并向各位专家学习，现因身体及会议原因，未能成行，恳请原谅。

祝愿
研讨会圆满成功，语文教育研究取得更辉煌成果！

于漪　敬上
2002 年 10 月 5 日

致谷定珍

谷老师：

您好。遵嘱写了几句，不知合不合要求。现寄上，请斧正。

来稿中有些字打印错了，改了一下，现寄回，请审阅。

致

敬礼！

于漪

2004 年 4 月 29 日

附：作者手记

每次读到《春风化雨》这篇文章，我的眼前总会浮现出于漪老师那亲切和蔼的笑容，总会浮现出被于漪老师用黑色圆珠笔修改过的《春风化雨》的初稿。

1995 年 8 月，在温州景山宾馆召开了"全国中学生文学社联合会第四届年会"。在温州市，由中学界组织全国会议，这还是第一次。会议邀请了于漪、张定远等语文界专家，给来自全国的与会代表作了学术讲座。

《温州日报》"教育版"的记者委托我写一篇关于于漪老师的报道。

所以,我不仅认真听了于漪老师的学术报告,还来到她的房间,与她谈了近一个小时。

报道的稿子写好之后,我把它寄给了于漪老师,请她审阅。我以为,她是名人,又是忙人,可能不会看吧。没想到,几天之后,我便收到了于漪老师寄回的信,稿子上面已经作了很多修改:

我的原稿:"课堂应该是学生的用武之地,师教之功在于启,老师不能当运动员,应该做教练。"

于漪老师将"师教之功"改为"施教之功"。

我的原稿:"二个多小时。"于漪老师改为"两个多小时"。

我的原稿:"青出于兰必须青于兰。"于漪老师改为"青出于蓝必须青于蓝"。我写了错别字了。"兰"是"兰花",繁体字应该写作"蘭";"蓝"是"蓼蓝",叶子可以制作靛青。二者是完全不同的东西。

我的原稿:"必须要有超前的意识,我们以青年教师为突破口,这是事业的需要。"于漪老师将"我们以青年教师为突破口"一语删去。仔细一读,改了以后的语句通畅多了。

我的原稿:"专门设立青年教师奖金,全部用于青年教师评优,论文国家级奖1 000元,市级奖800元,校级奖500元。"于漪老师将"全部"一语删去,将"青年教师评优"后的逗号改为句号。"全部"显然不符合事实。整个语句前后应该分为两个部分,所以,中间应该用句号。

我的原稿:"我们和美国密歇根州立大学、英国牛津大学,三国联合研究培养青年教师的课题。"于漪老师改为:"我们和美国密歇根州立大学教育学院、英国牛津大学教育学院,联合研究培养青年教师的课题。"增加"教育学院",便符合事实;删去了"三国",则可以避免"大词小用"的毛病。

我的原稿:"目前已经积累了200多万字的资料以及大量的青年教师活动录音、录像。"于漪老师将"活动"一语改为"教学"。看来,"活动"

一词的外延太大了,改为"教学",比较集中。

我的原稿:"青年人必须努力学习,又必须审视自己的优势,独特的风格是自己的生命力。"于漪老师将"审视"一语改为"发挥"。的确,"审视"仅仅对己而言,"发挥"才是目的。

春风化雨,润物无声,于漪老师的几处修改,体现了她深厚的学术素养,体现了严谨的治学精神,更饱含着对后学的关心与期望!

9年过去了,我找出了这篇稿子,想编入《谷园春草》。前几天,我把这篇报道寄给了于漪老师,请她为之评点。没几天,于漪老师就从上海把写好的评点稿子(见正文)附信寄来了。

时隔9年,年已75岁的于漪老师又一次为我修改文字!

淡淡墨痕,眷眷爱心!

多情的沃土

感谢谷定珍老师在百忙中记下了我在 90 年代的温州之行。谷老师用多彩的笔把温州美景和青年语文教师的热情与追求交织起来描绘,满纸洋溢着青春的气息,洋溢着对语文事业的憧憬和期望。

我做了一辈子教师,一辈子学做教师。学历水平只能说明自己接受教育的程度,能不能成为合格的、优秀的教师,是要在岗位上摸爬滚打,千锤百炼的。要"教",就得"学";要做到"诲人不倦",首先就得"学而不厌"。腹中空空,思想干枯,语言干瘪,拿什么去"诲"呢?学习天地非常广阔,不用说向书本学,向社会学,就是同行中交往,师生间交往,也会有取之不尽的学习资源。我在教育教学第一线时,由于工作十分繁重,难得外出讲学。有时实在盛情难却,偶尔去一次。每去一次,总是深受教育,深受启发。特别是年轻教师蓬勃的朝气和想干一番事业的热情与志气,总给我以深深的感染。

语文教育事业太需要后继有人,太需要后辈超过前辈,太需要出类拔萃的优秀教师、优秀语文教育家,有理论、有实践、有实绩,而不是浮游在教学之外说空话,说大话,耍嘴皮子。语言教育是母语教育,非一般的技能技巧,它传承优秀民族文化和人类进步文化,要点点滴滴渗入学生的心头,哺育他们健康成长。教学生语文,育学生成长,是科学,是艺术,须静心、诚心、撒播爱心,方能取得良好的效果。

谷老师 20 余年来认真耕耘在语文教学这片多情的沃土上,潜心思考,不懈努力,尤其在写作教学方面取得累累硕果。作为一名老教师,向他致以由衷的敬意和热烈的祝贺。

于漪
2004 年

致基地学员二则[①]

相信你自己

亲爱的×××同志:

相信自己! 你,就是一道语文风景线。

如果你是小溪,你会用叮叮咚咚悦耳的声响,组成语言文字的乐章,叩击学生心扉,以清澈滋润他们的心房。

如果你是翠竹,你会用节节拔高成长的喜悦,铺设语言文字的锦绣,引领学生赏析,以深情哺育他们在美文佳作中徜徉。

如果你是奇峰,你会用天高云淡视野的深远,探究语言文字的奥秘,拨动学生思绪,以智慧激励他们进文化深山,觅文化宝藏。

……

智者有勇,勇者前行,行者无畏。行动是自信心的伟大缔造者。

学生期盼着你! 祖国期盼着你!

一名老教师翘首以待:小溪叮咚,翠竹摇曳,奇峰突兀,语文教学风

[①] 本文是作者担任"双名培养工程"于漪语文名师培养基地主持人期间亲笔写给学员的信。上海市教委于2004年出台《关于"上海市普教系统名校长名师培养工程"的实施意见》、2005年推出《上海市普教系统名校长名师培养工程实施方案》,作者是首批名师培养基地主持人之一。2006年迄今,作者一直以基地主持人身份承担教师培养工作。从2008年起,作者又担任上海市中小学骨干教师德育实训基地语文学科主持人。经过作者培养获上海市特级教师称号的学员有十余位。

景如画。

于漪

2006年5月

×××老师：

新年好！

转眼间一个学期即将过去。你们在工作十分繁忙的情况下，挤时间来参加学习和活动，路上还要奔波，实在不容易。每次活动后我总有愧疚之感。你们花那么多的时间与精力，不知是否有实实在在的收获。

优秀教师是在教学第一线"炼"出来的，这方面一定要下功夫。课既要教得一清如水，又要教得激情洋溢。有时如青松挺立，有时如花团锦簇。不管采用何种方式，总要聚焦在唤醒学生学好语文的意识，激励他们学有兴趣、学有所得、学有追求、学有方向。德性和智性是生命之魂，教师以自己的青春和智慧启迪、滴灌学生德性和智性成长，就能品尝到人间的最大幸福。

寒假期短，又逢春节，有些老师要回乡探亲，我们就暂不进行集体活动了。有两件事请做好：

1. 高中老师准备好下学期的研讨课，一开学就说课。讲述备课思路、教材特点、教学设计。篇目确定后请在网上公布，交流时初中教师也可有所准备。

2. 梳理开班以来所有活动的文字资料。如说课讲稿、讨论发言稿、公开课教案、教后体会文章、听讲要点记录、听后感、已发表或未发表的稿件、读书笔记、课题进展，等等。文字资料均用打字纸打印，以供下学期结束时每人装订成册。

　　辛苦你们了！

于漪

2007年1月10日

更上层楼　创造辉煌[①]
——《中学语文教学参考》创刊 35 周年贺词

《中学语文教学参考》创刊 35 周年，我作为一名读者和作者，特以双重的身份向她致以热烈的祝贺。

35 年辛苦岁月不寻常。一本语文专业杂志要办得中学语文教师想看、爱看，其中有些文章自觉地认真阅读、参考、对照、提升，绝非靠人为炒作，耀眼包装，而是靠质量，靠实实在在对语文教师有启发有参考价值的内容。这里所说的"质量"与"内容"不是静态的，一成不变的，回顾、深思，稍加辨别，就可看到讨论的问题，探究的教法等一条与时俱进的痕迹。35 年来，中学语文教学经历了众多变化，从教育理念到教学目标，从性质观到功能观，从教材观到教法观、测评观等，无不有明显的发展，杂志编者始终紧跟教学发展，把握时代脉搏，给读者提供新的思考，新的可资借鉴的教学经验。

语文课程再怎么改进改革，它还是教母语，研究母语；教学母语，总是应说中国话。这本杂志坚持说中国话，很少"言必称希腊"，说读者看不懂的一串一串外国名词术语。我不反对学习外国，学习外国十分重要，但要放出眼光，区别正误、优劣，用心挑选，结合中学语文教学实际，认真拿来，化为己有，丰富自己的教育教学。那种看到一鳞半爪，就寻

[①] 本文发表于《中学语文教学参考》2007 年第 10 期。

章摘句,奉为神圣,照抄照搬,一脚踢翻优秀传统,除了搅浑教学思想、教学行为,实在无可取之处。语文教学要创新,探索提高学生语文素养的佳径,这无可非议,但"新"离不开原有的基础,原有的传统文化的精粹。对经历长久时间检验的、行之有效的语文教材教法中的精粹,切不可漠视,不然,像对待蛛丝网一样,毫不吝惜地抹掉。传统的关键是在"传"而不在"统"。"传"是发掘自己的资源,对自己的资源可以重新诠释,加以发展。把可以传承并必须传承的优秀文化与糟粕、垃圾一起扔掉,无异就好像人与影子赛跑,一路狂奔,总想着甩脱随形之影,这是可笑的,也是可悲的。总想断掉自己的根,一味移植,且不说移植能否成活,即使成活,它已变种,不是自己的汉语教学了。看来,确实要多一点文化自信,少一点心理失衡。

《中学语文教学参考》办刊有八字方针,这就是求新、求活、求实、求精,我是十分赞同的。其实,何尝是办刊,我们的教学不也是该如此追求吗?乍看,新、活、实、精四个字很简单,要真正做到,谈何容易?尽毕生之力有时也未能达到这样的境界。

就拿求实来说吧,这应该是教育教学的基准线。教学要有实实在在的内容,学生学习要有实实在在的收获,一篇课文就是一篇课文,一堂课就是一堂课,学生要学有兴趣,学有所得,对语文教师而言,不算苛求。语文教师花不少时间备课,进行教学设计,特别是公开课、展示课,更是不遗余力地准备、预设,应该说精神可嘉。但有些课去听一听,脑子里不得不产生疑问:学生这一课学到了什么?教学目的究竟是什么?课浓妆艳抹,炫人耳目,而语文课该实实在在拥有的语文知识、语文能力的咀嚼、推敲、品味、思辨,不是被淡化,就是被淹没,语文本色缺失,成了"四不像"的课。

有人认为这就是语文课改倡导的课,我不敢苟同,不能把凡是实施过程中出现的这样那样的问题全都归罪于课程标准。以往的语文教学大纲的制定,今日的语文课程标准的制定,不可能尽善尽美,总有这样那样的不足乃至缺陷,认识在实践过程中不断开拓与修正,是常态,也是必由之路,不足为怪。毛病出在造"风"、刮"风"。某个层面某个场合拿出来的公开课、展示课,以"创新"的面貌出现,加以评说、赞扬、推荐,冠以新课改的美名。于是,不胫而走,抄袭、模仿、逐步加码,更胜一筹,形成一股小风。何谓"小风"? 不过在公开展示的范围里刮来刮去,常态课并不都如此。由于在公开场合露面、表演,加上文字和口头的宣传,就形成了一种气候。按理说,这类课是实施新课程标准的试验,有可取之处,有不足之处,甚至出现错误,不足为奇,应该遵循语文教学的规律作实事求是的分析、评价,提高对课标的认识与理解,凸显语文教学的本色。然而,由于思想方法的绝对化、片面化,说好,就捧上天,说不好,就贬入地,缺乏科学的实事求是的态度。

有些课确实花里胡哨,形式大于内容,形式淹没内容,泛泛而谈,不着边际,如果不在求实上下功夫,学生的语文能力、语文素养的提高就被削弱,就达不到预期的培养目标。教学方法的设计与运用是重要的,但毕竟是第二位的,关键要把文本解读正确。文本是教师教、学生学的依据,这个单元这篇课文写什么,教师要认真阅读、推敲,把握来龙去脉。浅阅读,浮光掠影,乃至误读误解,不管采用什么教法,都与求实背道而驰。每个单元有它特定的教学要求,每篇课文有它独特的个性,而这些要求这些个性必须由表及里地准确把握,透视其丰富的思想内涵、文化内涵,揭示其语言文字的表现力、感染力。教师对这些要了然于胸,针对学生的实际水平,制订适切的教学目标,组织、引导学生学习,就能取得良好效果。知识传授、能力培养、情感态度与价值观的融合,均要有实实在在的内容,不能打水漂。语文课最忌虚空,学不到东西,学生空手而返,觉得课上与不上一个样,那学习语文的求知欲就会大大受到抑制,语文水平的提高就可想而知。

实,不能误解为死教死学,只搞机械训练,而是要目标明晰,重点突出,教在关键处,点在要害上,学生真正理解与体会语言文字表达情意的奥妙,一步一个脚印,扎扎实实提高语文能力。实而活,实而精,实而新,均是在语文教学实践中追寻的要义。

办刊八字方针给语文教学以十分有益的启示,祝愿这份刊物在新的历程中更上层楼,创造辉煌。

胆识·胸怀·爱①

一份报纸在社会某个群体里可以如家人父子般地谈天说地,倾诉衷肠,这份报纸就在这个群体里生了根,有持久不衰的生命力。《文汇报》和我们基础教育的教师就有这样的缘分。

几十年来,《文汇报》满怀关注之情,连续不断地报道基础教育的进展与成绩,饱含期望地提供发表园地,交流教育改革的思想,讨论乃至争论教育实践的种种措施,具体、生动,第一线的教师不仅感到亲切、贴近,更常有深受启迪的快乐。我也是深受其关心和教育的一员。

20世纪60年代初,上海基础教育改革如火如荼,影响全国。引领者是当时的育才中学,改革的主要精神是"面向实际,减轻负担,教得活泼,学得主动",这针对着片面追求升学率所造成的学生负担过重的现象,教学上烦琐哲学、主观主义、形式主义等做法,以及课堂上的"满堂灌"。《文汇报》连续报道,我认真阅读,到育才听课,比较对照,努力反思,自己也学着进行课堂教学改革。报社记者立即约我写文章。由于年轻,对教学中的高低深浅并不洞悉,无非就是胆子大,没有顾虑。于是,《胸中有书目中有人》《为什么走向主观愿望的反面》等文章先后发表。倒不是记者对我青睐,这是对年轻教师的支持与呵护,我心怀感激。

粉碎"四人帮"后的1977年,"文革"中对1949年后17年"两个估

---

① 本文发表于《文汇报》2008年1月29日。

计"的枷锁还没有打开。"文革"十年对教育事业的摧残,对人才培养的残害,对教师队伍的迫害,有目共睹,大家心里都有一笔账,功过是非基本清楚,但由于"文革"高压留下的恐惧阴影,不少人处于观望状态。在文化广场召开的教育方面的大会上,四名教师发言,批判"两个估计"的错误,我是其中之一。会后,我的发言被整理成文稿,登载在《文汇报》上。现在想来,没有对"两个估计"枷锁的打开,哪来1977年高考的恢复?教育的春天哪会来得那么快?敢于登载,是一种判断,一种胆识。

教育春天来到,教育版面的文章十分活跃,对教育体制、教育内容、教育方法、学校制度建立、课外活动开展等各抒己见,畅所欲言,《文汇报》成为基础教育一线教师每日不读不快的伙伴。我也应邀为"教育园地"写"教育断想"专栏,如《这一锤应该敲在哪里?》《"一桶水"新鲜》《多想想"培养"二字》《背着一双鞋子找脚》等,都是针对教育现状中的问题发议论。有些看法有人不认同,比如教育的公平公正问题,初中阶段是否一定要办重点等,尽管认识有差异,但报纸提供了平等交流的平台,相互启发,不断进步。

在教育拨乱反正、学校面临发展之时,教育经费的不足是办学者最棘手的问题,校舍的破房危屋亟待改造,教学设备、图书设备奇缺,有的郊区小学,教师上课只能限用两支粉笔,教师队伍不稳定,有的学校有的学科无教师授课,"开天窗"。当时我是人大代表,《文汇报》记者不辞劳苦,与我们一起调研了城市和郊区不少中小学,深入了解办学的实际困难。那时,对教育的战略地位和价值意义远没有现在认识得深刻,有的认为基础教育是小儿科,有的竟认为基础教育是无底洞,怎么投入也难填。真是奇谈怪论!我们呼吁重视教育,增加投入。没有扎实的基础,哪来万丈高楼?没有中小学良好的教育,哪来优质的大学生、研究生?这是常识,但有时常识最易被忽略被颠倒。在基础教育举步维艰之时,报纸不断进行报道、宣传,这是一种责任,一种智慧,一种职业的良心。

20世纪90年代初,语文教学中的迷茫与缺失令人担忧,学生语文能力令人焦心。为了应试,许多文质兼美的文章,其文化内涵、思想意义形同虚设,只是寻词摘句,肢解拼接。一套套肢解的练习题汇成江汇成海,学生在题海中浮沉,无休止地进行机械操练,质量无法保证。文章失去灵魂,"文"只剩了文字的排列组合。求学不读书,不能不说是悲哀。如何拯救?如何改变?须在语文教育性质观、功能观等语文教育一系列理念上去探索去研究。出于改变不尽如人意的语文教学现状的需要,深入探究汉语言文字的本质特征,借鉴20世纪世界人文学科最大的革新——语言科学的突破:语言不再是单纯的载体,反之,语言是意识、思维、心灵、情感、人格的形成者,我越来越体会到世界上各民族的语言都是其本民族的文化地质层,在无声地记载着这个民族的物质和精神的历史;体会到汉语言文字不是单纯的符号系统,它有深厚的文化历史积淀和文化心理特征,不但有鲜明的工具属性,而且有鲜明的人文属性。汉语的工具性和人文性是一个统一体的不可分割的两个侧面。没有人文,就没有语言这个工具;舍弃人文,就无法掌握语言这个工具。于是,我提出了工具性与人文性的统一是语文学科(课程)的基本特征。开始,同行中有些人不理解,不赞成,特别是热衷于题海训练的老师,有的认为语文只有一个属性,就是工具。此时此刻,《文汇报》发表了我的《语文工具性和人文性的对话》,让我多了一个阐述自己观点的机会。要知道,在10多年前,在大家还未认同的情况下,发表这样的文章,也显示了一种敏锐,一种胸怀,一种对基础教育的关怀。

窥一斑而知全豹。以上仅举与我相关的几件细事,就可知晓《文汇报》为基础教育鼓与呼的努力,这背后是一个"情"字,没有对教育事业的满腔热情满腔爱,没有对中小学生健康成长的赤诚与期待,就不可能花那么多的精力倾注于基础教育。愿这份报纸对基础教育的关怀一如既往,创造出新的业绩、新的辉煌。

铭心的记忆　不解的情缘[①]
——《语文学习》创刊 30 周年贺词

《语文学习》创刊 30 周年，我这名老教师向她致以衷心的祝贺。在这喜庆的日子里，记忆的闸门不由自主地打开，往事历历如在眼前。

那是整整 30 年前的事。粉碎"四人帮"，教育获得第二次解放。师生对知识的渴求与对教育质量提高的期盼蔓及全国。语文教师对提高学生语文水平的途径与方法各抒己见，见解纷呈。

在《语文学习》编辑部召开的一次大型座谈会上，就语文教学理念与实践的问题，讨论热烈，群情振奋。有一种看法逐步占压倒性优势，简言之就是：语文教学不能讲思想教育，一讲就必定降低教学质量，削弱语文能力的训练。发表这种意见的教师的心情，我完全可以理解。"文革"期间一切以阶级斗争为纲，摧残文化教育，害得我们苦不堪言，因而一提到"思想教育"就谈虎色变。其实，学科教学中对学生的教育与"文革"中打着旗号整人害人性质迥异，无任何可比之处。学科教学不能与人的培养隔离。学生不可能自然成才，总要靠教育，而学科教学是重要的不可替代的教育载体，抽掉了教学的教育性，教学就失去了灵魂。

基于这样的认识，我阐述了自己的教学体会：既教文，又教人，把思

[①] 本文发表于《语文学习》2009 年第 10 期。

想教育渗透于语文知识教学与语文能力训练之中,使学生思想情操和理解与运用祖国语言文字的能力获得双提高。会后,当时的市教育局语文教研员杨质彬同志用深沉的四川普通话对我说:"这才叫语文!丢掉了情和意,表什么达啥子啊!"于是,我就写了篇《既教文,又教人》的短文,刊登在《语文学习》上。不久,收到了时任人民教育出版社副总编辑刘国正同志的来信,称赞我这篇文章切中时弊。随后,又陆续收到外地一些语文教师的信函,探讨语文教学诸多问题。一篇短文如此传播,可见《语文学习》在当时影响之大。许多语文教师喜爱《语文学习》,把她作为学习中学语文教学鲜活思想与生动经验的好教材。

  30 年岁月不寻常。在语文教学发展历程中,每个关键时刻,《语文学习》总能集语文专家与第一线教师的智慧,发表有分量的文章醒人耳目,引领前进的步伐;有的做法更是开风气之先,给人以创新的惊喜。刊物与语文教师结下了不解的情缘,我这名教师从中深受教益。在她诞生 30 周年之际,向尽心尽力为她成长与发展的操劳者奉上我深深的敬意与诚挚的感激。

美丽的星空[1]
——《儿童时代》创刊 60 周年贺词

在《儿童时代》诞生 60 周年喜庆的日子里,多年前这份杂志哺育儿童成长的趣事涌向脑际,历历如在眼前。

20 世纪 60 年代初,我们宿舍许多小学生家里都订有一本《儿童时代》,他们聚会玩耍时,其中的童话、故事、知识、插图是谈论的重要内容。特别是夏天的夜晚,围坐在门口台阶上、草地上的欢乐情景令人心醉。

宿舍都是两层楼的矮房,每排房子前都有一块草地,每幢房子前都有几层小台阶。宿舍当中第一排房子前面还有不小的草坪,那是孩子们奔跑、呼叫、做各种游戏的场所。那时,孩子们都是"散养"的,不"圈养"在斗室之内。不同姓的兄弟姐妹一堆,呼朋唤友起来,比亲兄弟还亲。暑假期间,我这名教师常被邀去参加他们的纳凉晚会,讲故事、读诗文、做游戏。活动的主角是少先队的中队长和小学三四年级的学生,参加的不仅有三四年级的少先队员,还有一二年级的,乃至还未进学校的孩子,都兴致勃勃,生龙活虎。我为《儿童时代》撰稿的题材有些就来自这些学生。

夏夜,晴空万里,繁星璀璨,宿舍里一片静谧,无丝毫喧嚣之声。我

---

[1] 本文写于 2010 年。

为孩子们讲牛郎织女的故事,讲天上街市的美好、神奇。话音还未落,他们已迫不及待地跑到草地上仰望天空,找星星,找银河,想象的翅膀伴随着他们的奔跑、说笑飞翔着。眼睛尖的,找到牛郎、织女星时欢欣雀跃,既自我陶醉,又在伙伴面前炫耀,那种欢乐,那种自信,深深给我以感染。

轮到孩子主讲故事了,主讲人俨然是知识占有者,似乎满腹经纶。我清晰地记得有次主讲人讲三国演义的故事,一开口就把"走马荐诸葛"说成"走马存诸葛",把"jiàn"读成"cún","荐""存"不分。小听众无任何反应,仍然聚精会神。接着把某个人"鬼鬼祟祟"说成"鬼鬼崇崇"。"suì"读成"chóng","祟""崇"混淆,读错字。这促我思考孩子须从小养成勤查字典的好习惯,于是写了《不能障碍赛跑》,发表在《儿童时代》上。后来活动时,谁读错字,就有人搬出这篇短文劝导一番。一次,三年级一名学生讲连环画《钢铁是怎样炼成的》,把"保尔"讲成"保你"。立刻就有同伴说:"秀才识字识半边,你不是秀才,但也不能加半边啊!好好查查字典!"被劝导的直点头,不生气。孩子就是那么可爱。

夏夜,许多头聚在一起,争看和议论《儿童时代》的插图,也是一大乐事。特别是戴敦邦的,由于兴趣所在,后来很多孩子都拥有他的连环画。

美丽的星空,永恒的记忆!

致宋桂奇

尊敬的宋老师：

新年好。

大作收悉。《往事依依》一文原应《中学生阅读》杂志而作，面对初中学生谈点学习心得，仓促之中写就，文字上粗糙，多有不妥。后蒙苏教版主编厚爱，选作教材，真是诚惶诚恐。

您说的"阴晴雨晦"乃我幼时家中长辈常说的口语，读中学时候读到"风雨如晦"方知"雨晦"之由来。下笔时笔端流出，未作推敲，作为教材，语言规范至为重要，改为"阴晴雨雪"，合乎短语组合规则。我本意是写阴、晴、雨天昏暗的天气变化，四字未标点开，定会误解为短语。教学参考资料编者用心良苦，"雨晦"注为"风雨如晦。风雨交加，天色昏暗，犹如黑夜"是合我意的。问题在这四字前面是"风光流转"，后面是"丽日蓝天"两个短语，这四字的组合就不合适了。

衷心感谢您的指教，我将写信给教材编写组主编，请他们修改。

即颂

教祺！

于漪　上

2011年1月2日

附:"阴晴雨晦"质疑

江苏教育出版社《义务教育课程标准实验教科书语文》(七年级上册)遴选了于漪先生的大作《往事依依》,文中有这样两句话:"祖国的大地山川气象万千,家乡的山山水水也美丽非凡。一年之中,风光流转,阴晴雨晦,丽日蓝天,风云变幻,真是美不胜收。"此中的"阴晴雨晦"令人生疑。

查包括《汉语大词典》在内的多种辞书,均不见"阴晴雨晦"之踪迹,据此自可认定,它应是"阴晴""雨晦"两部分抑或"阴""晴""雨""晦"四部分组合而成的短语。但令人遗憾的是,这两种组合方式均不能成立,兹申说如下:

先说"阴晴+雨晦"式。《现代汉语词典》中,既不见"阴晴",也不见"雨晦"。《汉语大词典》释"阴晴"为:"① 指向阳和背阴。② 比喻得志和失意。"(缩印本6943页)释"雨晦"作:"语出《诗·郑风·风雨》'风雨如晦,鸡鸣不已'。后用'雨晦'指乱世或艰难的处境。"(6766页)若以此释于文中"阴晴""雨晦",显然与具体语境不合。于是,《教学参考书》编者便据语源注"雨晦"为:"风雨如晦。风雨交加,天色昏暗,犹如黑夜。"(67页,2004年6月第4版)单个看,"雨晦"之注应该说没有什么不妥;但若将其与"阴晴"并置,这"阴晴雨晦"又该如何解释呢?若按此注,这"雨晦"看似一"词",实则为"句",语意已圆满丰足,它与"阴晴"又如何建立起意义上的联系?既不能建立起意义上的联系,这一短语的结构又该如何认定?"风光流转""风云变幻"是主谓短语,"丽日蓝天"为并列短语,"阴晴雨晦"又是什么短语呢?

再看"阴+晴+雨+晦"式。众所周知,如果这一并列短语得以成立,则"晦"必须能与"阴""晴""雨"三者并用,而此中"阴""晴""雨"除指"阴天""晴天""雨天"之外,又另无他解;如此,"晦"便只能释作"晦天"!——有"晦天"之说吗?虽古时有"晦日"(农历每月的最后一日)

之特称，但这与表"天气"的"阴""晴""雨"显然不存关联。这是否意味着，"阴晴雨晦"不可能是并列短语！

综上所述，则"阴晴雨晦"属不合规范的"病语"当毋庸置疑。若将其改作"阴晴雨雪"，则既合短语组合规则，又与文中语境相吻，亦不知于漪先生及读者诸君以为然否？

江苏常州戚墅堰实验中学
宋桂奇

致陈玲玲[①]

陈老师：

您好。

来信收到，遵嘱回答了三个问题，不知合不合要求。如有不妥，请斧正。

身体不好，心脏病常发，又较忙，只得匆忙中说几句，请谅解。

致礼！

于漪　上

2011年2月

答题如下：

1. 初中语文学科男女教师比例严重失调源于学生求学阶段过早把男孩拒之于优质教育之外，以分数定优劣，以循规蹈矩听话为准绳，许多调皮、聪慧的男孩就不得不在淘汰之列。

一般地说，男孩生长发育比女孩要晚一至两年，调皮捣蛋是他们的天性；当今的学习训练与考题形式偏于琐细，男孩粗粗拉拉，女孩细心，

[①] 本文是2011年2月作者给江苏省扬州市教育科学研究院陈玲玲老师的回信，就"初中语文女性教师专业发展研究"及全国教育科学"十二五"规划课题的立项提供帮助。

容易适应。于是，考试成绩后者总是遥遥领先。再加上有些教师对调皮捣蛋的学生有偏见，男孩锻炼的机会无形中被忽视，乃至被剥夺。于是，教育资源优质的初中、高中，乃至大学、研究生，都出现男女学生比例失调的状况。这种阴盛阳衰的现状令人忧虑。这种状况是人为造成的。迫于种种复杂因素的制约，我们的教育相当程度把"育人"扭曲为"育分"，背离了教育的本质。

男女教师由于性别差异，往往各有优势与不足。比例恰当，互帮互学、互相弥补、互相促进，有助于发扬各自优点，形成专长，全面提高教育质量。反之，男教师处于弱势地位，学校里缺少阳刚之气，对学生的教育是一种严重的缺失，对学生的成长极为不利。

2. 教学研究部门为促进初中语文学科女性教师的专业发展可做的工作很多，但就当前情况来说，是否可在以下方面做些考虑？

（1）课堂教学实践切实去浮华，还本真，认真实施语文课程标准的要求，给学生打下扎实的语文基础，全面提高学生语文素养。

（2）增强语文教学自信力，自主备课，独立思考，深入钻研，不跟风，不追风，不人云亦云，不被媒体炒作裹挟。重视自己的教学经验积累与总结，创建教学特色。

（3）指导女性教师结合自己的语文教学实践做一点科研工作，探索语文教学规律，提升理论水平。在这方面也要不让"须眉"。

（4）针对不同层面的女教师分类指导，使初入职的、比较成熟的、骨干力量的各有追求目标，均能获得发展。

3. 几点建议：

（1）寻求专业发展的关键在于自己有持续不断的内驱力、不断的自我教育。这种内驱力来自内心的真正觉醒，把日常的语文教学与今日学生的健康成长、明日民族素质的提高紧紧联系起来，就会精神振奋，锐意进取。

（2）课不能只教在课堂上，要教到学生心中，成为他们良好素质的因子。为此，须刻苦钻研教材，准确把握文章的个性；须了解学情，研究学生困难所在，选择恰当的教学方法，化解难点，让学生学有信心，学有成就感，学有快乐。

（3）在学生心中撒播知识种子的同时，须撒播做人的良种。教文必须育人，教文从属于育人的大目标。教育的终极目标是培养人。

（4）最重要的是坚持学习、坚持读书。在知识、信息如潮涌的时代，只有挤时间学习，从中吮吸养料，才能在工作中有源头活水，视野才开阔，思考问题才会不拘泥于枝枝节节。教得好首先是学得好。希望女教师在读书上有所突破。

后记

2017年2月，陈玲玲老师带领数名优秀女教师来沪，讲述扬州市级课题"初中语文女性教师专业发展研究"及全国教育科学"十二五"规划课题顺利立项的情况。课题组遴选出140多位女性教师作为实验对象。经过5年研究，不仅理论上收获甚丰，而且涌现出一批特别优秀的女教师，令人欣慰。

写给青少年同学们的一封信

青少年同学：

  你们好！

  阅读优秀作品，从品味语言文字的表达情意的魅力中，增长见识，了解世界，体悟人生，吮吸精神养料，是学生时代最快乐的事。从小激发阅读兴趣，养成阅读佳作名著的习惯，一辈子受用不尽。哲学家贺麟先生对读书的价值、权利等问题有极其精彩的论述，他说："人与禽兽的区别，虽有种种不同的说法，但根据科学的研究，却只有两点：（1）人能制造并利用工具，而禽兽不能。（2）人有文字，而禽兽没有文字。说粗浅一点，人是能读书著书的动物。故读书是划分人与禽兽的界限，也是划分文明人与野蛮人的界限。读现代的书即所以与同时的人作精神上的沟通交谈。读古人的书即所以承受古圣先贤的精神遗产。读书即可以享受或吸取学问思想家多年的心血的结晶。所以读书是人类特有的神圣权利。"

  平时，我们常误以为喜不喜爱阅读是个人的小事，根本没想到读书是人类特有的神圣权利。书是人类思想的结晶、文化的结晶，它指引人们摆脱愚昧，创造光明，它教导人们明智、怡情、加强修养。当今，青少年学生要健康成长，成为社会所需要的现代文明人，就要珍视读书这个神圣的权利，与书为友，与书为伴，广为涉猎，广为采撷，心中就会呈现五彩斑斓的美妙世界。

一个人生活的范围有限,而要了解的事物、要懂得的道理又很多,怎么办呢?如何来弥补呢?读书,多读书。打开一本书,就是打开生活的一扇窗,你就可以看到窗外的种种景色。例如,你读《少年邹韬奋》,你就会感受到这位卓越的文化战士、伟大的爱国者成长中的趣事。尽管你与作品主人公所处的年代已迥然不同,但书中展现的生活画卷却生动、鲜活,让你看到了在烽火四起、民族危难之际,有志少年是如何奋斗、如何成长的。你跨越了时间的隧道,受到那时候生活的教育与启示。又如,你读《不可思议国的小豆豆》,你已经跨越了空间,和小豆豆一起主持电视节目,饰演许多影视剧人物,随着她的足迹遍及世界各地,播撒爱心。一个地方,一种风情,一件事情,多种做法,使你大开眼界,学到不少知识,品尝到不少快乐。多读书,就能打开好多扇窗子,打开视野,开阔思路,丰富情感,提高认识生活的能力。如果不读书,或少读书,就会闭目塞听,思想枯竭,精神世界荒芜,那是多么可怕的景象!

书,当然要读好的。学会选择是读书的重要本领。古往今来,作品从来有好坏之分。有人曾这样作比较:文学的情形和人生丝毫没有不同之处,不论任何角落,都可看到无数卑劣的人,像苍蝇似的充斥各处,危害社会。在文学中,也有无数的坏书,像蓬勃滋生的野草,伤害五谷,使它们枯死。究其原因,这些人是为贪图钱财而写,置坑害人于不顾。诲淫海盗的坏书,犹如毒药,要炼就火眼金睛,识别,拒绝。优秀图书是精神食粮,开卷有益。

读书要学会咀嚼,读出味道来。浮光掠影,蜻蜓点水,读与不读就没有多少区别,徒然浪费了时间。好的作品要静下心来仔细读。读的时候须思考:这篇散文、这篇小说写了什么,作者是怎样写的,他为什么这样写,哪些词句特别感人,哪些修辞手法用得特别好,这些问题在脑子里转几下,就有了印象。如果是自己的书,可做点记号,写一两句评论或感想；如果不是自己的书，可做点摘记，记一记，脑子里就会留下痕迹。读书，要注意联想和想象，这样就能走进作品之中，体会蕴含的深意。例如，《长征日记》书中写的是离我们久远的事，但我们在语文课本里读过有关长征的故事，电视里看过有关故事，有的同学会唱《红星照我去战斗》，读书时，把自己的学习经验、生活经验联系起来，联想、想象、思考长征日记中每天行军写下的真实记录，你就能理解，你就会感动，你就会由衷地敬佩这些革命前辈，联想到自己肩上的责任。读书还要注意和自己对照，不能书是书，我是我。读书是为了求长进，知识、能力、思想、情操都得到提高，因而，联系自己就显得十分重要，读书，有时就是照镜子，给自己的思想、灵魂照镜子。比一比，照一照，是非曲直一清二楚，自己也就更明确了目标。例如读《过目不忘：50则关于荣辱观的故事》，就不仅仅是熟悉故事，而且要对照比较，激励自己知荣耻，树立道德信仰，规范思想言行。

　　暑期里选择一些优秀图书阅读，思考，你们定会有登山而获宝藏的喜悦。预祝你们取得成功。

于漪

阅读推广要在落实上下功夫(致周洪波)

全国中语会阅读推广中心周洪波同志：

欣闻全国中语会阅读推广中心在安徽池州市成立，我这名老教师特致以衷心的祝贺。祝愿中心面向当代中学师生，研究阅读内容、阅读方法及阅读热点问题，开展扎实有效的读书活动，提升阅读质量，促进师生语文素养的全面提高。

早在20世纪，北京大学贺麟教授对学生演讲时就十分郑重地指出，读书是人类特有的神圣权利。读书是划分人与禽兽的界限，也是划分文明人和野蛮人的界限。读现代的书是和同时代的人作精神上的沟通交流，读古人的书可承受古圣先贤的精神遗产。读书可以享受或吸取学问思想家多年的心血的结晶。贺教授对读书做人的道理阐述得十分深刻。要想堂堂正正地做一个人，就要努力读书，切不可放弃这神圣的权利。

然而，原本求知欲最为旺盛的中学师生阅读群读书的现状很不理想。从教育内部而言，对分数顶礼膜拜的势头从未降温，强化"育分"，淡化"育人"，把谋取分数的操练手段用来占领学生大量的时间空间，语文学科在有些学校几乎已边缘化，还谈什么课外阅读？教育外部声、光、色，快餐文化、低俗文化、垃圾文化五光十色，眩人耳目，近年来网络文化的飞速发展，对青少年学生更是有巨大的诱惑力，又怎能静下心来读书，尤其是读名著，读经典？

提倡读优秀读物，文学的，科普的，推广阅读优秀读物，尤其是农村中学生的阅读，面对这样的环境，难度是大的。但是，再难也要做，也要奋然前行，为了学生心灵的健康成长，为了引导和教育他们成为素质良好的现代中国人。

首先要让学生以及教育他们的教师真切地体会到，阅读对于生命的成长、对于生命价值的创造有无与伦比的重要作用。人要吃饭，才能生存，这是常识。人要读书，读佳作，读精品，精神才能成长，才能真正脱离爬行动物的状态，成为有脊梁骨、有精神支柱的人，否则，灵魂卑俗，品质鄙陋，做人的底线都把握不住，还谈什么服务国家、造福人民？这也是常识，但社会上泛滥的急功近利、金钱拜物、权势喧嚣，已迷惑了许多人的眼睛，更何况无人生经验的学生？因而，求学时期学生竟然有一学期课外不读一本书的怪象，有读二三本、四五本的现象，但其中大部分是课外辅导书。教师的阅读状况也令人担忧，整天忙于应考、检查、事务，与书籍结缘的不多。阅读究竟重要到何种程度？1987年诺贝尔文学奖获得者约瑟夫·布罗茨基在获奖演说中是这样沉重地说的："鄙视书，不读书，是深重的罪过。由于这一罪过，一个人将终生受到惩罚；如果这一罪过是由整个民族犯下的话，这一民族就要因此受到自己历史的惩罚。"入木三分的剖析，令人震惊，催人警醒。

1972年联合国教科文组织大会上提出了"阅读社会"的概念，倡导全社会人人读书。"读书人口"在这个国家人口总量中的比例，将成为该国综合国力的重要标志。的确，阅读是一种心智锻炼，开人心窍，给人智慧，应该成为人生的伴侣。

阅读推广要在落实上下功夫。当今，说是巨人、行是侏儒，说过就是做过的现象屡见不鲜。阅读推广难度很大，更要在"行"上做出既周密又可行的举措。

克林顿任美国总统时，为了提高美国中小学生阅读水平，曾启动

"美国阅读特种挑战",组织了 100 万中小学教师,动用 10 万大学生半工半读,花费了 15 亿美元。经历八九年,测试学生阅读能力,已明显提升。就此事我曾询问斯坦福大学一位博士后,她说:"整体实施情况不了解,但我的孩子在硅谷小学读四年级,假期没有书面作业,就是读 40 本书。"其中就有少儿版的《西游记》和《水浒传》。可见这个阅读活动落实的程度,窥一斑而知全豹啊。

阅读是一个人获得真正教养的途径,这条路永无止境。商务印书馆为传承发展中华优秀文化,向公众普及文化,为促进学生的学习做了大量卓有成效的工作。此次和全国中语会共同创立阅读推广中心,发挥各自的优势,定能促进中学师生阅读的发展,开创学校阅读的新局面。

再次奉上衷心的祝贺,并向与会代表致以诚挚的问候。

于漪 上

2012 年 7 月 10 日

坚守与引领

——《中学语文教学参考》创刊 40 周年贺词

《中学语文教学参考》创刊至今,历经艰苦跋涉,不断开拓,步入了不惑之年。在这值得庆贺的日子里,特奉上我这名语文老教师的衷心祝贺。

这本中文刊物 40 年来坚守中学母语教学的阵地,研究中华经典诗文的精、气、神,推敲祖国语言文字的表现力,探讨充满智慧的理想课堂,弘扬中华优秀文化传统,展示人类进步文化精品,有风骨,有气场,营造了语文教师钟爱语文、悉心钻研、积极向上的文化氛围。这种坚守精神可嘉。

当前,语文学习的环境堪忧。记得作家白先勇曾说:"百年中文,内忧外患。"今日的"忧"与"患"可能更有增添,西方强势语言的入侵几乎无处不在。外语是交际工具,国家民族走向世界,国民教育中当然要开设外语课程让学生学习。但是,不能以"外"挤"内",以"外"压"内"。外语在什么学段开,几年级开始学,达到怎样的目标,心中总应有根育人的标尺。今日开设的课程会影响明日国民的素质,包括知识结构、思维方式等方面。小学一年级儿童汉语拼音字母尚不识,就要学外语,岂非咄咄怪事?这在世界上也罕见,以往的殖民地除外。招生要测试,不少

---

① 本文发表于《中学语文教学参考》2012 年第 10 期。

所谓优质高中只测试数学、外语,语文不在测试之列。为何不测试？选拔数学、外语尖子,高考可获加分,有高升学率,满面风光。语文能力要靠日积月累,当然就没有被青睐的福分了！至于社会上语言文字的滥用、网络语言的乱造,更是比比皆是。语言文字是民族文化的根,对传播民族情结、滋润学生心灵有不可替代的重要作用。母语伴随人的终生,从孩童时代就因功利思维的泛滥,人为地制造疏离,让他们对祖国的语言文字无敬畏之心,无亲和热爱之情,弄得不好,是要数典忘祖的。为此,不能小看一本中文刊物的坚守,正是由于一些中文刊物坚定不移地驻守这块阵地,才使我们的语文教学仍然能在艰难中前行,勃勃生气。

一本有质量的教学刊物不仅注意多种教学经验的广泛切磋与交流,而且注意教学思潮。教育教学思想观点的碰撞、争辩,开阔教师视野,活跃教师思维,起学术引领的作用。《中学语文教学参考》深知肩负的这一重任,这方面也下了相当功夫。

阐述自己的语文教育观点,对教材、教法、课堂教学诸多情况进行评论、剖析,本是推进语文教学改革、促进语文教学质量提高必不可少的好事、善事。正确的理论总是愈辩愈明,教师专业素质也是在辨别正误、分清优劣、比较参照中逐步发展逐步提升的。然而,现在有种风气令人惊讶：以辱骂为快,以否定一切、颠覆一切为快,似乎不如此不足以表现自己的超高学识、超高水平。这不由得让我联想到医患矛盾,有时竟然有医生看病,病和治病的来龙去脉还未弄清楚,就先动刀子,于是出现误伤,出现冤鬼,令人心寒。解决问题的前提是要把问题的真相弄清楚,做切切实实的调查研究,做科学公正的分析；主观臆断,虚张声势,必然于事无补。

《中学语文教学参考》也有"论",论"教"、论"学"、论"教道"、论"学道",比较心平气和,摆事实,讲道理,而不是以势凌人。论道也要有论品,无品就会信口雌黄。"论"的目的是寻觅教学内在规律,识得教学真谛。教学是一门专业学问,蕴含许多学术因子,而学术、学问浩瀚如海洋,识得教学真谛谈何容易!恐怕谁也不可能是真理的化身,包打天下。尊重别人,平等地讨论,才能真正提高"论"的内涵、"论"的质量,使大家心悦诚服,深受其益。实践出智慧,教学智慧来自身入其中的教学实践,因而,不拘一格谈教学十分重要。尊重一线教师的刻苦钻研,尊重他们的点滴创意,常会有意想不到的活水流淌。如果只强调"唯我独尊""万人皆入我彀中"的模式化,教学的生命力就会受到伤害,乃至在不经意中被消解。这本刊物在组稿时注意给一线教师搭建地域广泛的发表文章的平台,也是令人尊敬的。

说点真话,以表对这本中文刊物祝贺的真诚之意。

思想活体放入经典之中(致陈军)

陈军同志:

您好!来函及书稿均拜读,崇敬之情盈溢胸际。

回首往事,与您交往已有20余年。您为人厚道,待人以诚,谦逊好学,敬业不怠,在我脑中伫立的是一位读书种子的鲜明形象。然而,此次阅读您的书稿,知晓您为此而学习、深思、比照、提升的一十八载的经历,尤其是阅读目的非为出书,而是对生命历程的铸造,对生命教育化的改进与提升,我深感自己的浅薄无知。当今社会,奔向功利已成明潮暗流,读书修身几乎成为一种奢侈,而您竟然在6 500多个日日夜夜,在工作十分繁忙的情况下,挤出时间自觉阅读典籍,博学、审问、慎思、明辨,锲而不舍,乐此不疲,无谋取功利之心,追求笃行成长之实,真正难能可贵。

书稿聚焦于《论语》中教育思想的研究与阐述是颇有见地的。孔子最大的抱负虽在政治,但他最大的成就却在教育。孔子学识渊博,精通六艺,面对春秋时期礼崩乐坏的局面,带领一批弟子周游列国,游说君王,意图以周公之道拨乱反正,但屡遭冷遇、拒绝,无功而返。政治方面的不通使得孔子救世热情终于不得不转换方向。当他最后由蔡国回到陈国时,慨叹道:"归与!归与!吾党之小子狂简,斐然成章,不知所以裁之。"(《论语·公冶长》)他慨叹说:回去吧!回去吧!我们这班学生志向高大,文采斐然可观,怎样教育他们才能成才呢?回归鲁国后,从此躬行教育，倡导并践行基于普遍人性的德教，在教育方面有诸多开创。孔子弟子及其再传弟子关于孔子言行的记录《论语》正是孔子教育思想、教育行为的生动写照。

学者张荫麟先生在《中国史纲》中曾精辟地指出：孔子在中国教育史上的开创，一是提倡"有教无类"。这是学术平民化的造端，是"布衣卿相"的引子。二是造就或招聚了一大批人才，他的门下成了至少是鲁国人才的总汇。如此的知识领袖不仅无前例，后世也罕见。三是把技艺教育和人格教育打成一片，以系统的道德学说和缜密的人生理想教育生徒。夫子之道一以贯之的是"忠恕"。"恕"乃"己所不欲，勿施于人"；"忠"乃"己欲立而立人，己欲达而达人"。张先生说："这几方面，任取其一也足以使他受后世的'馨香尸祝'。"至于因材施教、仁智勇兼修、学思并重、启发式教学、教学相长等，明眼人皆知，在今日仍充满活力，穿越时空闪耀育人智慧的光芒。

遗憾的是我们不少从事教育的人或对优秀传统文化中这些珍宝知之甚少甚浅，或对此怀有偏见，不是嗤之以鼻，就是弃之如敝屣，认为办教育、实现教育现代化，只能到西方发达国家去找。崇拜、模仿、移植，不遗余力。名词术语一大堆，又常和国情、教情、学情对不上号，"改造"十分痛苦。说得轻一点，是下意识地一直处于"学徒状态"，有时还以此身份为荣；说得重一点，已不自觉地做了思想的矮子，缺少民族自信力，想走抄袭成就辉煌的捷径。在现代化进程中，我们坚持改革开放，要有广阔的国际视野，要学习国外教育先进理念、先进经验，这无可非议。但任何理念、任何做法的产生均有特定的背景及地域，对其利弊须有深入的剖析、清醒的认识，照搬照抄永远不可能成就辉煌。重要的是咀嚼消化，不为表象所惑，兴利除弊，拿来为我所用。须知：我们从事教育现代化建设，面临两种历史、两种语境，我们不应做搬运工，应成为现代教育创造性的主体。教育要扎根于本土，大地是我们的生命所在，是我们从事立德树人工作的教育现场,既要博采众长,更必须有中华文化的根性。如果浮游无根,岂不随风摇摆飘荡?弄得不好,成为别人的打工仔而不自知。

《论语》教育思想研究既尊重中华传统文化彼时彼地对教育的诸多认识与理解,又揭示其在传承中不断发展的意义与价值。有些特点十分显著:一是体系与思辨并重;二是比照与精选融合;三是贯通与重点映照,力求做到传承创新,古为今用,在"今用"上有实实在在的启发。一说到"传统",有人以为就是"复旧",就是"克隆过去",这是误解。"传统"的关键不在"统",而在"传"。比如阅读优秀传统经典,不是回复到彼时彼地彼场景,而是要传承蕴含其中的、唤醒灵魂、使生命和心智获得成长的中国精神与中国智慧。阅读经典犹如撞钟,小叩则小鸣,大叩则大鸣。书稿不是寻章摘句、断章取义来谈一些碎片化的观点,而是整本书贯通起来阐述与当今教育密切相关的系列问题。既梳理名家述说,更阐明自己独立见解。如对"学思结合"概念的评说,对孔子倡导思考能力的"八字宪法"的认定,对人生三友主论基础的剖析等,均有自己独特的看法,持之有故,言之成理。即使不能说是醍醐灌顶,但以思想明镜观照今日教育中的乱象,至少也能醒人耳目,思考教育改革的路在何方。批判的锋芒不是全然否定,而是启发人们认清事物的真相,遵循规律而行,取得成事成人的良好效果。

先贤程颐说:"读《论语》,有读了全然无事者,有读了后其中得一两句喜者,有读了后知好之者,有读了后直有不知手之舞之足之蹈之者。"又说:"今人不会读书,如读《论语》,未读时是此等人,读了后又只是此等人,便是不曾读。"(朱熹注《四书章句集注》)先贤告诫我们,读经典,归根结底要"力行"。西南联合大学罗庸教授曾以自身经历对学生讲述如何才算真正的读。他说在小学求学时就有考试争第一的恶习,到中学后仍如此。同班有一姓叶的同学,聪明绝顶,年龄比他小一岁,能作很好的柳文,写一手极漂亮的成亲王小楷,说一口好英文,自己也有不少优势,二人都自以为稳拿第一。为此,原本为好友的他们却终日因互妒而吵嘴,闹得天翻地覆。一日放学后,姓王的一位学长与他同行,走到分手处,王同学面容严肃地问他:"你念过《论语》没有?""我念过。"他更严肃地厉声道:"记着,不逆诈,不亿不信,回去吧。"说完转身就走。中学生的罗庸像触了电,半天动不得身。后跑回家把《论语》这一章翻开,正襟危坐地对着读,"不能预先怀疑别人的欺诈,也不能无根据地猜测别人的不老实……"。从此,懂得了读书要引归自己,终生不忘。(《箎吹弦诵传薪录——闻一多、罗庸论中国古典文学》)《论语》是求仁得仁之学,思想提升,改过迁善,反己立诚,本就是应有之义。您读《论语》做到把自己思想的活体放进这部经典之中,从而获得生命的力量,这也是一种极好的传承,令人感动。

  感谢您给我先睹书稿的学习机会。言不尽意,不当之处请斧正。

  恭颂

教安!

于漪　上

2014 年 12 月 14 日

和中学生交朋友

看问题要有基本立足点

四川省德阳市东汽中学欧阳文强同学来信说,虽然自己知识面不广,思维能力不强,但总是会思考一些问题。越思考越觉得有些问题的提法值得商讨,比如某人搞科研有了成果,就强调他为国争了光,某运动员打破世界纪录,也强调他为国争了光,为什么不强调为人类做出了贡献。信中列举了不少名人的话来证明眼光应关注整个人类,而不必强调自己的国家。

这位同学确实提出了一个十分值得重视也十分值得讨论的问题。他认为"马克思主义告诉我们,人类社会最终要向共产主义发展,国家与阶级都将消亡,人类连成一体,大家情同手足,为什么不把眼光放开去,为整个人类而奋斗"。我们的奋斗目标确实是实现共产主义,全人类获得解放,但现在我们在建设有中国特色的社会主义,世界上还有众多政治体制不同、意识形态各异的国家,还有侵略与反侵略,掠夺与反掠夺存在,战争、饥饿、贫穷等情况在有些国家、有些地区触目惊心,离世界大同的日子还远得很。面对这样的世界,看问题要站在时代的高度、国家和人民利益的高度来考察、剖析,才能由表及里地把事物看清楚,看透彻,才能得出正确的结论。

为人类做贡献绝不是一句空泛的话,而是有实实在在非常丰富的内容的。中华人民共和国的成立,就是对人类做出的极大贡献,因为她把几亿人民从被压迫被奴役的极度苦难的境地中解救了出来。如果不是为解救民族的苦难,不是为自己的祖国能在世界上独立自主,不是为人民能做国家的主人,就不可能在中国共产党的领导下做如此艰苦卓绝的斗争,当然也就不可能取得震撼世界的辉煌胜利。无数革命战士在战争年月义无反顾地冲锋陷阵,甘洒热血写春秋,心中装的就是祖国,就是至高无上的祖国。在"为了祖国"这面旗帜下,中华儿女不知谱写了多少可歌可泣的英雄篇章。

爱国主义是中华民族千百年来赖以生存、发展的精神支柱,民族气节是我们的民族魂。过去战争年代是如此,今日建设时代更要发扬光大。大而言之,一个民族,小而言之,一名个人,心中无报国之志,无为国增光的强烈愿望,要做出对人类有贡献的大事业是难以想象的。祖国,是自己的母亲,她哺育的儿女们对她效劳,为她增光,是义不容辞的责任。心中有了祖国,就有经久不衰的内驱动力,就有经受挫折和困难的承受力,就有一往直前的精神。比如某体育项目破世界纪录,也许只是几分钟乃至几秒钟之内发生的事,但其中的艰辛难以用语言表达。如果不是把自己的命运和祖国的命运紧密相连,要克服难以想象的困难,攀登前所未有的高峰,也是不可能的。运动员叶乔波在冰上创造的奇迹不就是明证吗?因此,强调为国增光,符合实际,并不是随意贴标签。

在当今时代,为人类做贡献,千万不能忘记世界上还有剥削与掠夺别的国家人民的帝国主义存在,它们总是千方百计与别的国家作对来巩固自己的霸权。当前,淡化国家概念,笼统地讲为人类做贡献,是不切实际的幻想。举个例子来说,诺贝尔奖创始人诺贝尔一生从事发明创造,他发明的爆炸力很强的火药对和平生产有贡献,但也被用于战争,使许多人丧生。严酷的现实使他万分痛心,他明白了制止战争并不是依靠强大的武器,而是要人们懂得热爱和平,不要战争。他死后献出全部财产,设立物理学等五项奖,其中就有和平奖。应该说这对人类是有贡献的。但由于种种复杂的政治因素,有时和平奖竟然加在分裂分子的头上,这一举动显然与为人类做贡献相违背。

面对复杂的世界,要头脑清醒,看到问题的真相和实质。当前,霸权主义仍然存在,弱小国家还在受欺凌,过去长期侵略、压迫我们的仍然对我们虎视眈眈,千方百计阻挠我们的发展,因此,我们要对人类做贡献,就首先得发奋图强把国内的事做好,就得强调为国争光。这是看问题的基本立足点。

眼看榜样,脚下一定反行吗

陕西省富平县迤山中学高二(3)班赵丽同学来信说,生活本身非常矛盾,要我们眼看榜样,学习英雄,可周围看到的却是"非常非常现实的人",即使是小县城,也是人情加金钱,脚下是反向而行。信中还说:"我现在还没有同化,我害怕自己有一天被同化。"

信写得很认真,字里行间透露出纯真的气息。信中提出了一个十分值得思考并必须严肃对待的问题。青年学生正处于花季时期,犹如树干往上挺,花儿欲开放。青枝绿叶,姹紫嫣红,需要阳光、雨露,需要多元素的养料。人在成长的过程中,当然需要足够的精神养料。人区别于其他动物,除了语言之外,很重要的是讲文明,讲文化。中华民族在认识自然、改造自然、反对侵略、反对压迫中形成了刚强不屈、奋斗不已的民族精神,形成了勤劳、勇敢、积极进取、富于创造的优秀文化传统。这些是一代代志士仁人创造的人类精神的珍宝,它哺育了亿万人的成长。古往今来,老一辈总是寄厚望于年轻人,希望他们茁壮成长,长江后浪推前浪,为国家为民族做出巨大的贡献。因而,总是通过各种途径传播祖先及当今人物创造的精神珍宝,以这种精神养料滋养后代。

认识到这一点,就可深切体会到青年学生学习英雄、学习榜样是何等的重要。人之所以为人,要有高尚的人格、良好的气质、健康的情操,而这些素质的形成是与"学力形成"结伴而行的。也就是说,作为一名青年学生,"学力形成"应该和"人格形成"统一起来。人在成长过程中,总是有意无意地和别人比,与思想深邃、道德高尚、才华出众的榜样比,如沐春风,往上攀登就有使不完的劲。因此,向榜样学习的信心应坚定不移。当你想到孔繁森捋起袖子一次次把自己的鲜血无私地流入针筒,去救助几名藏族孤儿时,难道你的心灵不会被震撼,不会深深感受到人是多么高贵、多么伟大吗?当你震撼之时,感动之时,你已经感受到人类精神财富的光泽,思想情操接受过一次洗礼。

脚下反行的人心目中只有个人的私利,一切从"我"出发,对"我"有利的事百般钻营,无所不用其极。这种人从人格上说,是等而下之的。但是须知,任何一种社会都不可能是纯而又纯的,我们国家也不例外。社会上有无私奉献者,有见义勇为者,有发明创造者,有建功立业者,也有见利忘义者,卑鄙低劣者……总之,社会是个复杂体,人也不可能一个模式,因此,脚下有与榜样反向而行的人不足为怪。这种人的形成原因十分复杂,有历史的、家庭的、自身的、社会的。这种人或者是本质如此,或者是意志薄弱,经不起外界的诱惑,堕落到这个地步。但不管怎么说,自身的追求,自身对人生的选择,是最关键的。

这种人也许也眼看榜样,但他们只重形式,不联系实际,不和自己对号,说的可能挺漂亮,做的却是另外一回事。戳穿了说,这种人由于私利迷心窍,他们是不学榜样,也不可能真心实意学榜样的。所谓眼看,不过是浮光掠影而已。

青年学生最为重要的是立志正确选择人生的道路,做对社会对人民有用的人。作为21世纪物质文明建设和精神文明建设的后备力量,应该下定决心按照国家的要求塑造自己,不断增进知识,练就本领,不断完善自己的人格,成为精神富有的人。而要做到这一点,除了学习知识、学习社会外,要真心实意、持之以恒地从诸多榜样中汲取取之不尽、用之不竭的力量。一个人的头脑不可能真空,大量的、积极的、优良的信息印入脑内,就会长知识、长觉悟、长智慧,就会大大提高识别真善美和假恶丑的能力,就会增添抵御歪门邪道的本领,清除各种各样因素的干扰。

俗话说:身正不怕影子斜。只要心中有做正直的、有用的人这根弦,不断从英雄、从榜样身上吸取力量,脚步就会坚实地往前迈,就会勇往直前,绝不会被歪风邪气同化。

有信心,就有力量。

切不可轻信

山西省介休市汾西矿务局第一中学王宁同学来信说,看到许多杂志上登载了有关"学习法""学习术"函授班招生的广告,举的例子使人吃惊,那些同龄人进步之神速令人羡慕,因此很想试一试。高中阶段学习很苦很累,能找到这样的科学方法,实在极好。但是,又怕广告是虚假的,故而犹豫不决,希望能帮助解决这个棘手问题。随信还寄来了从某杂志上剪下的广告,如"效验神奇"的函授招生、"一次净雀斑灵""双眼皮胶带""学习助记器""通慧学习术"等,可谓"琳琅满目"。

这位同学看到名目繁多的广告,能动脑子想一想,问一问,不盲从,是头脑清醒的表现。

我们现在确实生活在广告的海洋中,大街上有铺天盖地的广告,小巷中也不是空白,报纸上登载,杂志上登载,电视台荧屏显示,广播电台声波传送。面对众多令人眼花缭乱的广告,须提高识别能力,切不可轻信,切不可"照单全收"。

广告,顾名思义是广而告之,目的在给消费者提供购物的信息,是进行物资、信息流通及文化交流的一种手段。广告在促进交流、繁荣经济、引导消费中必不可少。大家都遵守《广告法》,事情就好办了。问题在于有些人为了牟私利、牟暴利,不择手段地大做虚假广告,夸大其词,耸人听闻,以博得可观的钱财。这是一种丑恶的社会现象,其实质是蒙人、骗人,乃至坑害人。要炼就一副敏锐的目光,善于识别,有效地抵御这类甜言蜜语的诱惑,不受骗上当。

要识别,当然有难度。不了解事情的来龙去脉,没条件实地考察,一时不易弄清真相。但是,假得离奇,假得出格,还是容易看清楚的。比如,有的药品广告,说可以治这个病,可以治那个病,排列一下,居然可以医治百病,那就荒唐了。任何病皆有各自形成的原因,要治好,必须有对症的药,怎可能一种药能治截然不同的病呢?无须火眼金睛,只要有点医药常识,就能识破。

学习的问题当然不像具体的物那样看得见摸得着,似乎是真假难辨。其实不然。假的总是假的,鱼目岂能混珠?学习任何学科的知识,培养读写能力、运算能力、动手能力,均有一定的规律可循。从易到难,从简到繁,循序渐进,就符合认知规律。学习当然要讲究方法。比如听课,课前花点时间预习一下,做到心中有数,课上积极开动脑筋,或质疑,或参与重点、难点的讨论,辨疑,析疑,就是很好的学习方法。课前毫无准备,脑中一片空白,就等于打无准备之仗,哪些地方有疑难,需重点学,重点攻克,心中没有底,与课前预习比较,效果自然差得多。听课要抓重点,抓难点,自己不懂的地方特别要动脑筋;听课主次不分,胡子眉毛一把抓,脑子就必然迷惘一片。又如写作文,第一步必须认真审题,弄清题意,千万不能扫视一下就动笔,弄得不好,就会出现差错,甚而全盘皆输。学习有学习的规矩,学习的程序,不能乱来胡来。任何好的学习方法都是经过无数次学习实践总结出来的经验,符合学科的特点,符合学习者的生理、心理特点。有些推销这个学习法、那个学习法的广告几乎都有这样一个共同特点,就是鼓吹神速,鼓吹奇迹。比如阅读速度一下子提高十倍,成绩一下子从60分提高到100分。明眼人一眼就能看穿,学习不是要把戏,变魔术,一个晚上无论如何变不了样。

为什么有些同学会真假不辨呢?原因当然很多,但有一点几乎是相似的,即内心深处希望不要花很大气力就能取得优异成绩,说得重一点,就是想找条捷径,付出少,收获多。做广告的人最重要的是心理战术,先从心理上征服你,虚假的广告更是如此,不是正当的提供信息,而是针对某些人的心理弱点,引人上钩,钩上的饵在色、香、味上都下了功夫。

  学习要重视方法,要努力掌握科学的方法。在这方面自己做有心人,不断总结经验教训,就可创造出符合自己实际的好方法。学习须刻苦,知识不会自己钻到你的脑海里,能力不经过坚持不懈训练,也不会形成。明确学习目的,掌握正确的学习方法,专心致志,刻苦学习,必有成效。自己有学习的内驱动力,就能做到不信邪,不受骗。青年人一定要心明眼亮,切不可做虚假广告的俘虏。

信神、认命无出路

山西省运城市临猗县临猗中学陈冬霞同学、河北省邯郸市汉光机械厂子弟学校张晓华同学、北京市东城区第165中学醋飑同学来信说，进高中以后学习时好时坏，呈波浪形，虽花气力想改变这种情况，但无济于事，因而只得信神、认命；入了所谓的慢班、差班、二类学校，失利遭嘲讽，似乎是命运所遭，难以摆脱，希望能走出困境。

学习上碰到困难，成绩时好时坏，考试失利，考学校失利，这是学生常遇到的事，无须怨天尤人，更无须信神、认命。如果说有命运的话，命运掌握在自己手中。

首先说考试失利，遭人讥讽。胜败乃兵家常事，有史以来，常胜将军是凤毛麟角。天时、地利、敌我力量对比，可变因素很多，不可能只要出兵，必然胜利。考试考学校也如此。如果平日学习情况平平，考得不好是情理之中的事，没有什么可遗憾的，更不必心态不平衡。种瓜得瓜，种豆得豆，耕耘得不深不细不及时，收获不理想，当然是在所难免。如果平时学习优良，由于偶然的因素考砸了，也要正确对待。在人生道路上总会遇到不顺心的事，主观意图与客观效果不完全吻合乃至相左的情况屡见不鲜。有所认识，认识得比较深入，心中就有承受力，不致因暂时的挫折被压弯了腰，情绪大起大落受影响。当然，一名十七八岁的学生难以有较强的自控能力，一时不知所措，这是可以理解的，但不能长时期迷茫，自沉于彷徨之中，跳不出来。挫折说到底是一种磨难，要学会冷静下来,逐步适应,锻炼意志,进而振奋精神,继续努力,去争取新的胜利。

至于说冷嘲热讽,包括来自亲友的、同学的,同样须正确对待。不少人看问题习惯于看表象,喜欢以考来论英雄。这是不懂得人成长的规律。放眼看社会各行各业,就可知道分数、成绩并不能代表某个人的整体素质。经过一定的挫折,经受一定的磨难,吃一堑长一智,能从中总结经验教训,意志获得磨炼,这种精神财富是一帆风顺的人不可能拥有的。对待别人的冷嘲热讽,一是把它作为鞭策自己的动力,提醒自己不要懈怠;二是要学会潇洒,不必为一句两句不入耳的话计较,不必放在心上。这对年轻学生来说,也是很不容易的。但努力锻炼承受力,学会听不中听乃至逆耳的话,有助于加强自己的修养。

其次谈学习的波浪形。学习成绩呈波浪形在有些同学身上司空见惯,正如来信中所说,考得顺手,可在班级中夺冠,排名第一;不顺手,可在班级里跌到20名左右。来信说,一会儿峰巅,一会儿波谷,自己起伏期间,似有命运之神摆布,只好信神、认命。事情本身没有那么复杂,那么玄妙,似乎人间寻找不到解决的办法,而去祈求上苍,到"神"那儿去讨救兵。如果只是一句无可奈何的俏皮话,那就另当别论;如果真的想从中寻求出路,那就大谬不然了。在科学遭到挑战,各种迷信思想、迷信做法从不同角落钻出来迷惑无知的人的时候,我们青年学生要保持清醒头脑,坚持无神论。"神"是什么样子,谁也没见到过。上古时代,科学不发达,碰到天灾人祸,祈求神灵保佑。如今已进入20世纪末叶,科学技术迅猛发展,人们认识自然,认识社会,掌握它们发展的规律,与往昔比较,不可同日而语。碰到困难,去信莫须有的东西,是十分可笑的。信神、认命是缺乏自信心的表现,只"他信",不自信,哪来前进的动力?再说,"他信"的"他",又是谁也没有见到过的,怎么能寄予希望?怎么能"信"呢?

关键在自己。须采取实事求是的态度，认真仔细地剖析学习上起伏的原因。从主观、客观两个方面分析、研究。为什么有一段时间学得比较好，哪些学科学得比较好，细加剖析。基础怎样，学习状态如何，课前怎样预习，课上如何思考，课后如何复习，如何完成作业，等等，均做一番考察。学得不好，不巩固，又是哪些原因。教师的教能否适应，哪些不能适应，原因何在。学得不大好的，是难度大，自己的基础问题，还是花的功夫不够，理解得欠正确，欠完备。多问几个为什么，前前后后联系起来思考，总结经验，总结教训，就能找到问题的症结所在，也就能找到合适的解开问题的钥匙。

来信的同学都有上进心，这是很可贵的。只要采取科学的实事求是的态度，增强自信力，顽强拼搏，必能克服学习道路上的种种困难，取得显著进步。

与"命运"抗争

新疆库尔勒市某中学高英同学、四川省平昌县某中学庞佑华同学和山东省昌邑县某中学的吴从亮同学来信说,有的是父亲半文盲,反对自己求学,自己像大海上漂浮的孤舟,无依无靠;有的是父母离异,后父家的人用恶毒的眼光看自己,难以容身;有的是父亲患重病,生命垂危,自己面临辍学危险,因而都痛苦不堪,希望能得到解救。

这三位同学的处境值得同情,三位同学的心情也是可以理解的。要摆脱痛苦,首先要解决的是要有敢于与"命运"抗争的信念与毅力。

来信说自己的处境是命中注定的,命运不佳。我是不相信命运的,但人有各自生存的客观环境,环境有好有差,有些是无法选择的。比如,人无法选择自己的父母,无法选择自己的家庭。如何与不利的环境抗争,求得生存与发展,要靠自己主观能动性的发挥。不毛的石缝间能丛生出倔强的生命,这是大自然创造的惊人奇迹。一簇一簇无名的野草,春绿秋黄,岁岁枯荣;一团一团小小的山花,因风摆动,展现生机;更有甚者,岩石的缝隙里还生长着参天的松柏,雄伟苍劲,巍峨挺拔。石缝中缺少生命赖以生存的土壤,生存的空间实在太有限了。但生命现象告诉我们,生命就是拼搏。从石缝间的生命我们可领悟到生活的哲理:即使境遇再艰难困苦,也要高奏生命之歌,用拼搏的精神去战胜困难,战胜环境。适者生存,战胜环境就是强者。古哲人孟子曾说过:"故天将降大任于斯人也,必先苦其心志,劳其筋骨,饿其体肤,空乏其身,行拂乱其所为,所以动心忍性,曾益其所不能。"一个人要能担当起重大任务,在心志、筋骨、体肤、行为等方面均要经受艰苦的磨炼,这样才能坚韧意志,增长才干。要与"命运"抗争,就要有藐视困难的气势,锤炼自己的意志和克服困难的办法。

三人的情况又相似又不同,因而克服困难的办法就要从各自的实际出发。

父亲对子女求学的重要性缺乏认识,就要耐心地做疏导工作。疏导,当然不是居高临下,以教育者自居。作为人子,要理解父亲的想法。千百年来的贫穷造成了许许多多人从小没有学习文化的机会。当家做主人后,有些人猛醒到受教育、学科学文化的重要,认识到治穷须治愚,因而千方百计支持子女上学,哪怕是勒紧裤带。但传统的观念、习惯的看法是历史形成的,非一朝一夕所能改变,有些人身陷其中,一时挣脱不得,需要一点一点化解才能奏效。因而要不断地用生动的、具体的、新鲜的事例加以说服。不一定采取单刀直入的方法,可以旁敲侧击,使父亲易于接受,乐于听取。疏导要有针对性,父亲究竟怎么想,要弄清楚。否则,无的放矢,空说一通,不可能有好效果。

至于离异家庭,各有自己的不幸。首先要直面人生,回避是回避不了的。重新组合的家庭一般来说矛盾总比较多,如果斤斤计较,就会产生说不清的恩恩怨怨。处在这样的家庭里,说到底并没有你死我活的斗争,不过是用有色眼镜看事物,因失真而看走样,或者是鸡毛蒜皮的小事,公说公有理,婆说婆有理,扯不清。最好的办法是豁达大度,超脱一点。人是吃饭长大的,听几句闲话没什么了不起,随便别人用什么眼光看你,也不会损害你半分一毫。关键在于自己要采取合作的态度,总把别人当坏人,疑神疑鬼,猜忌这猜忌那,别人也就只好拒你于千里之外。家庭的和谐幸福是建立在每个家庭成员的识大体、顾大局的基础之上的。父母要做榜样,但子女也应尽到责任。只要自己严格要求,在学校是好学生,在家庭积极劳动,分担家务,尊敬长辈,友爱同学,就会改善各种关系。如果要求别人很高,要求自己很低,要改变不利环境就是空中楼阁。家庭是社会的细胞,学习处理好家庭关系也是学做社会的人,使自己早日懂事,早日成熟。

父亲患重病确实是家庭的不幸,但愿他能够战胜病魔,早日康复。面对这种艰难情况,争取母亲和亲友的支持,千方百计完成学业。万一迫不得已终止高中阶段学习,也不能就此消沉。家庭情况突变,首先要谋生。在谋生的同时,不忘业余学习;在生活有保障时,应寻求机会继续学习。在我们国家,学习的大门是向青少年学生敞开的,有志者均可进入。除职前教育外,职后教育渠道很多,只要有报国、成才之志,总会有学习的机会。

敢于与"命运"抗争,善于与"命运"抗争,做生活的强者。

讨个公正没有错

湖南省株洲市某中学某某同学来信说,缴不完的费,订不完的资料,里面有鬼,但敢怒不敢言,只得苦笑。山东省曲阜市某中学某某同学来信说,为了盖楼,没完没了地集资,钱不交,就到家里拉东西,天底下还有没有公道？山东省莱州市某中学某某同学来信说,当上优秀班干部,高考就可以加10分,于是出现了种种怪现象,只要有"人"有"财"有"物",差劲的变成优秀的,不是干部的成了"优秀班干部"。要讨个公正,可谁敢说呢？只能私下议论。这些同学愤愤不平,但希望不要暴露学校、暴露姓名,否则无法承受压力。

这些同学的心情是可以理解的。我没有做过调查研究,但相信事情的真实性。因为这些同学都说到自己是怎样鼓足了勇气才写信的,都说到反映的全是事实,明知说了无用,但可发泄心中的愤怒。

我认为单是发泄无济于事,首先对问题要有正确的认识,其次要采取正确的态度。

在商品经济大潮的冲击下,社会上出现这样那样的腐败现象不足为怪。我们这么大的国家,人口如此众多,要彻底摆脱贫困,非竭尽全力发展经济不可。发展是硬道理,只有大力发展经济,开放、改革,把经济搞活,才有速度,才有效益。但是,我们国家数千年来又是"人治"的国家,尽管这些年来,国家、各省市从经济建设、社会发展实际出发,制定了不少全国性的、地方性的法规,但要做到执法如山,做到真正"法治",还有相当一个过程,从"人治"到"法治"的转变绝非轻而易举,要靠几代人的艰苦努力。市场经济本是有规则可循,由于我们法制不完备,有些人从牟私利出发,钻空子,昧了良心从国家从别人身上刮钱财,中饱私囊。

除了法制以外,还有个十分重要的问题是人的素质问题。孟子早就说过:"富贵不能淫,威武不能屈,贫贱不能移。"即使贫穷,骨头也要硬,不能见钱眼开。人的道德素质和人的文化素质又紧密相连,愚昧就会不明理,不懂得做人的道理,不懂得在任何污泥浊水袭来的时候,应该明辨是非,分清善恶,洁身自好。

丑恶现象只是社会的一个方面,对社会应该有全面的认识。我们社会这些年来之所以有如此巨大的进步,经济之所以有如此巨大的发展,靠我们党的基本路线的正确,靠亿万人民勤勤恳恳脚踏实地的工作,许多人一身正气,顶天立地,是我们中华民族的脊梁。孔繁森、张鸣岐、李国安等就是我们的榜样。想到这些,我们就会精神振奋,就会觉得前途光明,阳光总有一天会普照到每个角落。

认识正确了,态度就要积极。党和政府三令五申惩治腐败,采取种种措施制止和打击丑恶现象。这就是最大的支持,最大的后盾。用同学信中的话来说,"我们是有良心的人,有正义感的人",因此,在任何场合都应该坚持正确,反对错误,伸张正义,批判邪恶。作为一名有理想有道德有文化有纪律的高中学生,遇事须有独立思考的能力,辨别善恶、美丑的能力,并旗帜鲜明地发扬正气。当然,要注意方式方法,而不是冲冲撞撞,以发泄一顿为快。凡事都要讲究效果,要取得良好效果,就要选择恰当的时机恰当的方法。

首先要弄清楚干这些事的是坏人,还是好人糊涂,一时被"私"字迷了心窍。是前者,就该揭发,就该斗争;是后者,就要采取与人为善的态度,讲事实,说道理,以理服人。采用后一种做法也是很不容易的。但大家都听之任之,歪风上升,发展下去,严重的可把当事人吞噬掉。年轻人本身经社会风雨、见社会世面,才会炼就火眼金睛,思想成熟起来;如果把自己装在套子里,对歪的邪的不闻不问,必然影响自己的健康成长。

社会主义精神文明建设靠大家的身体力行,学生要严格要求自己,教师更要严格要求自己,学校校长、主任更要做榜样。勇于建议学校领导抓好校风、教风、学风,切实贯彻国家的教育方针,创造学校良好的育人小气候,是好学生的表现。课堂上、班会上、黑板报阵地上、课外活动中坚持宣传方针政策,坚持宣传好人好事,发扬正气,大概谁也不能报复,不敢报复。做亏心事总是见不得人的,理亏,必然无力量。

要敢于发表意见,讨个公正没有错。

师爱，无选择性

内蒙古自治区乌审旗一中、江苏省兴化市城北中学、山东省郓城县第四中学好几位同学（嘱我不写姓名）来信说：班主任对学生看人行事，干部子弟是班里的"大人物"，不敢得罪，围着他们转，对学习上有困难的同学反而特别烦躁，动不动就训斥，骂"脑子笨"，有的同学在某方面有点特长，不仅不鼓励，反而用尖刻的言辞讽刺，使人抬不起头来。凡此种种，都受一种理论支配，那就是"现在就是这样，没有偏向的老师，不是好老师"。为此，这些学生询问：这个"理论"对不对？是不是班级里该有部分学生受压迫、受歧视？怎样才能摆脱这种令人苦闷、颓唐的困境？

这些同学提出了师生关系中的一个重要问题，我没有进行过调查研究，事实真相不清楚。即使如此，从一封封信中期盼解决问题的心情来看，师生之间确实有倾心交谈、协调关系的必要。

教师对学生应该是师爱荡漾。教育的事业是爱的事业，师爱超越亲子之爱、友人之爱，因为它包蕴了祖国的期望、人民的嘱托，包蕴了崇高的使命感和责任感。正因为如此，教师爱学生，应该是无选择性的，对自己教的乃至不教的都应该爱。学生进中学学习，在人生的长河中仅仅是一阵子，但这短短几年的一阵子往往影响他们一辈子的生活道路，所以，每位有责任感的教师应十分珍惜学生的青春年华，尽心尽力地教育他们，使他们健康成长。爱学生，就是要为每个学生着想，因材施教，教好每个学生。学生都是我们的后代，都要千方百计把他们培育成才。"现在就是这样，没有偏向的老师，不是好老师"，如果真这样看，这样说，显然是不对的。对待任何一件事，总有个是非标准。教师要热爱每个学生，在建设社会主义精神文明的今天，这是具有师德的表现，绝对没错。如果只爱学习尖子，只爱有钱或者有权人家的子弟，那还办什么学校？岂不是道德沦丧？即使在资本主义国家，有道德有责任心的教师也懂得对学生要阳光普照，要爱每一个学生。当然，现在受商品经济的冲击与诱惑，有些人颠倒了是非标准，改变了价值观，不讲道德、情操。但社会的主旋律是健康的、积极的、向上的，雷锋为人民服务的精神，对同志像春天般温暖的品德、热情正哺育着一代代新人。不说其他行业，就是教育领域，从山村到城市，从年轻教师到中老年教师，对学生情深似海的事迹屡见不鲜，感人肺腑，是广大教师学习的榜样。

教师在教育实践中须努力提高自身的思想道德素养，加强师德建设，这是问题的一方面。学生这方面，也要反躬自省，寻找师生关系紧张的原因。

比如，教师训斥是不对的，应该循循善诱，但为什么会训斥呢？是上课不专心，还是作业不认真？是不遵守纪律，还是什么地方有差错？在正常情况下，教师不可能无缘无故发火。冷静地换个位置想一想，具体地分析，就能找到问题的症结所在。自己身上确实存在缺点，存在不足，实事求是地对待，教师就能谅解，关系不就缓和了吗？

又如，有同学认为教师对自己不重视，甚至在某些方面奚落、挖苦，因而看到这位教师就讨厌。上课因有讨厌的情绪，课也听不进，成绩也直线下降。这就要认真分析一番了。学生有向师性，希望从教师那里得到重视、得到肯定、得到信任，这是好的，这也是教师要千百倍地爱护和引为自豪的。但学生也应懂得，一件事只需一人或几人做时，自己没选到、没轮到，就不能因此而责怪教师，以至于处处看不顺眼。班级工作有班级的全局,要满足每个同学的要求确实比较困难。作为一名学生,少想一点个人,多想全局,思想就通了,心态就平衡了。学生要尊敬老师,爱老师,老师教知识,教做人,怎能让讨厌的感情泛滥呢?有了这种情绪,听话会听走音,看问题会看走样,是要不得的。把个人好恶放到不恰当的位置,看问题就会背离事情的真实情况。就这个角度说,学生自己也要加强学习,提高修养。

爱,是处理好师生关系的润滑剂。教师出于对教育事业的忠诚,对学生要满腔热情满腔爱;学生要理解教师,经常交换想法,在感情上沟通,取得教师的帮助。

要切实管起来

云南省楚雄州南华县南华第一中学某同学来信说,由于自己身体瘦弱,常受到同班同学的欺侮、辱骂、威逼、取笑,有时真想和他们大干一场,但想到父母是老实巴交的农民,怎能增添他们的忧和愁?告诉老师吧,也许能缓解一时,但事后自己会更倒霉。由于身体瘦小,体育成绩不好,体育课上经常被出丑得下不了台。恨上苍为什么不给自己一副高大强壮的躯体,除了保护自己,还能为别的弱小的同学伸张正义。痛苦万分,日子难过,呼唤解决的办法。

这位同学(嘱我不直书姓名,以免惹祸)言辞恳切,满纸泪痕,读罢令人深表同情。在20世纪90年代的今天,党和国家一再强调建设社会主义精神文明,一再强调学生要德智体全面发展,一再强调青少年求学期间的重要任务是学会做人,然而,竟有些同学对这些全然不顾,明目张胆地欺侮人,这是错误的,也是不能容忍的。

解决问题的办法首先是老师切实地把这件事管起来。欺负弱小同学是客观存在的事实,无论是报告老师,还是不报告老师,作为班主任,对学生应作深入了解,应该对这件事有所知晓。学校抓德育工作,绝非空喊口号,而是要有针对性地对学生进行教育,提高学生的思想道德素质,把德育落到实处。学生当中此类事不能看作是小事,一阵风吹过,品德上的事从小不管好,长大以后,后患无穷,更何况已经是高中阶段的学生,不是幼儿园的娃娃,应该懂得是非,懂得好歹。明欺负已不道德,暗使坏更是品质问题。"强凌弱,众暴寡",在中国道德里是绝对不允许的。育人先育心,我们要培养的是有理想有道德的人,品德不好,即使学习成绩再好,也不可能成为有用之材。

人不可能自然成才,总要靠培养、靠教育。学生中出现这样那样的不良思想与行为,要以高度负责的态度来对待。眼开眼闭,就会助长歪风,就会使不良风气继续蚕食部分学生的心灵;正视问题,严加教育,就能防微杜渐,真正塑造学生优美的心灵。教师对是非、正误的区别,要清如水、明如镜。教师要代表正义,保护弱者,批评及严厉制止野蛮的不文明行为。对已形成欺人恶习的学生更要严加教育,在思想上晓之以理,在行为上加以纠正。对这些学生来说,也许放纵惯了,很不习惯,那就得有点强制的措施。认识逐步提高,行为逐步纠正,就会懂得要尊重别人,懂得要自我约束。

班级的团支部和班干部也应该管起来。团组织是青年中的先进组织,理应弘扬正气,抵制歪风。生活在班级之中,同学之间的事当然了解得一清二楚。提倡什么,反对什么,弘扬什么,抵制什么,来不得半点含糊。学生世界就如小社会、准社会,学习、工作、生活,会发生这样那样的矛盾,正确的思想行为和错误的思想行为会碰撞,有志的高中生应自觉而认真地从中获得锻炼,提高认识事物、认识人际关系、认识人生的能力,提高分析问题、解决问题的能力。学生中发生这样那样的问题,要学会关心人、尊重人,学会谈心,交朋友,做思想工作,如果不闻不问,不仅对工作没有尽到责任,而且也失去了极好的锻炼机会。如果自己不分是非,也去欺侮弱小同学,那就更错误,应反省,应改正。一所学校应该有优良的校风,一个班级应该有良好的班风。团支部干部、班干部、共青团员应该在创建良好班风中起带头作用、表率作用,对班级里出现的不良风气、不良行为要认认真真管起来。

这位同学自己也应从怯懦与痛苦中拔出来。任何一件事都有是非标准,别人欺侮你,你应该劝阻、应该说理、应该抗争。逆来顺受,只会助长歪风;大干一场,最终并不解决问题。首先,自己要扫除自卑,理直气壮地和同班同学平起平坐。长相、身材、体重不是素质优劣、才能高低的决定因素。决定因素是自己奋发努力,有良好的思想道德、扎实的科学文化基础。有高尚品德和卓越才能的人最有力量。《晏子使楚》是众所周知的故事,矮小的晏子以他出众的才能与机智制服了刁难侮辱他的人。再说,身体瘦弱也不是完全不能改变。中学时期正是长身体的时期,只要下决心坚持锻炼,完全可能健壮起来。实践检验,不少学生只要有毅力均获得成效。

老师管起来,班级干部管起来,自己再据理力争,这种欺侮人的不文明不道德的现象必将得到遏制。

振奋精神往前走

河南省西平县高级中学陈智勇同学来信说,原本自己成绩还比较好,没有想到升学考试时,老天不睁眼,让自己生了一场重病,发着40℃的高烧进考场,昏昏沉沉,考得一塌糊涂,败下阵来。因此,越想越气,总和自己怄气。突如其来的不幸压得自己提起笔就落泪,无法排遣心中的抑郁。

读了沾满泪水的信,看了寄来的坐在铁轨旁的照片,我深深体会到这位同学内心的痛苦与不平静。就信中所提的问题我谈一点看法,相信这位同学以及与他有类似情况的同学能解开捆着自己的无形绳索,勇敢地面对现实,振奋精神往前走。

人吃五谷,没有不生病的。一辈子不生病的人大概是极其罕见的。某个人什么时候生什么病,事先是没有谁下通知告诉你的。这一点想明白,心里就不必怨天怨人怨自己,就坦然得多了。遗憾的是病生得不是时候,早生或晚生影响可能都没有现在这么大。然而,世界上很多事都是由不得自己的,只要不是自己故意糟蹋健康,你就没法子和病菌约时间,它什么时候肆虐,你也就只好什么时候忍受、对付,从而战胜它。因而,从这一点来说,也不必怨自己,和自己怄气。

碰到一点突如其来的不愉快的乃至不幸的事就钻入忧郁的浓雾中,窒息得透不过气来,除了折磨自己、消磨志气外,有百害而无一利。人世间不如意事十之八九,幸运之神不可能总是跟着你伴着你。道理很简单,万事万物总有它自身发展、变化的规律,要认识它,循规律而动,是极其不容易的。人的认识往往落后于客观实际,于是,产生矛盾,如果不去找或者找不到正确的原因,自己就会不愉快,就会觉得不如意。更何况有些事是难以抗拒的乃至不可抗拒的。比如三五挚友约定节假日赴某地观胜景,偏偏狂风大作,飞沙走石,大煞风景。怎么办?两种态度:一是怨天尤人,兴趣全无;二是豁达大度,笑对现实,把握难得的机遇,观狂飙中的胜景,增长见识。

我们提倡后者。尤其是年轻人,要经得起生活的磨炼。病,是不如意的事,但不能因此而被压垮。重要的是面对现实,从中锻炼坚强的意志,培养克服困难的毅力。这不是说风凉话,我自己就有实实在在的体会。年轻时我生过多种重病,特别是胃溃疡和肝炎。前者的疼痛使我教课时汗珠如豆,甚至晕倒在地;后者严重得呼吸都困难,被隔离在医院。然而,我没有被病吓倒。我领悟到人活着就要和困难做斗争,在信念上、气势上都要压倒困难,对病也是一样。战略上藐视,战术上重视,就能战胜疾病。平时工作极忙,趁生病就抓紧机会读书,充实自己。病治愈,身体健康了,精神上也丰富了,生命就更旺盛。

希望陈智勇同学把脆弱的感情磨炼得坚强起来,笑迎病后的生活,听班主任"不必和自己怄气"的忠告,振奋精神,以饱满的热情、充沛的精力继续投入学习中去。

灵魂岂能退却

四川省开江中学高三(5)班郝高峰同学来信说,由于自己从小学起就偏科,见到数学就厌倦,读高中后,尽管数理化学习花了力气,但仍然学得不好。与此同时,语文成绩也不理想了,盼望自己能具有通天的本领,能够随心所欲地处理好一切事情,也就是说,为社会效劳,为家庭、个人争光。然而,理想与现实差得太远。想到这些,灵魂都在退却,希望能得到拯救。

郝高峰同学的信写得很流畅,字也漂亮,说明语文学得比较努力,而且有一定的成效。仅从这一点来说,就不必自怨自艾,把自己看得一无是处。年轻人生活的主旋律应该是积极进取,奋勇向前。学习上并无平坦大道,也不可能永远一帆风顺,对此没有充分的认识,没有充分的思想准备,碰到困难就会手忙脚乱,乱了方寸,就想退却。退却,就意味着在困难面前败下阵来,丧失了信心与勇气,这是不可取的。

年轻人须一鼓作气地前进,而要做到一鼓作气地前进,信心必不可少。信心不可能自天而降,它首先来自对自己实事求是的评价。一会儿高上天,一会儿低入地,都不是尊重事实的态度。俗话说"人贵有自知之明",要学会清醒地认识自己,认识长处是什么,短处是什么,不断地扬长补短。语文学得比较好,这是长处,但不能因数理化学得不大好,把语文的学习成果也一笔抹杀。再说,对数理化学习情况也要具体分析,从"厌倦"到"花气力学"这是很大的转变,很大的进步,认识到学这些学科的重要,理性战胜了感情。哪些章节学得比较好,哪些学得不清晰、不巩固,均须具体剖析,笼而统之,大而化之,以"不好"一言以蔽之,不仅与事实不符,而且有损于自信。有多方面的爱好,爱好体育运动,爱好讲演,这也是长处。这些都是继续进步的基础,如果从思想上把这些基础都铲掉,剩下一个"零",当然就会丧失自信力。对自己的不足、缺陷有足够的认识,并从中吸取教训,也是一种财富。青少年打科学文化素质基础的时候,应该努力学好各门课程,过早地偏科,对掌握基本的文化知识很不利,特别是生活在现代社会,对数理化方面的知识一无所知,将来干什么工作都会有很大的欠缺。从中如果领悟到思考问题应力求全面,不能任凭兴趣和感情,那就向成熟迈进了一步。

不偏科不等于不可以有个人的兴趣爱好。爱好文学,爱好阅读名篇佳作,想成为一名作家,用神奇的笔纵横捭阖,反映社会,描写人生,这种志趣不仅无可非议,而且值得鼓励与赞扬。人各具个性,有些人擅长形象思维,有些人喜爱逻辑推理,只要发挥各自特点,都有可能学有专长,获得成功。

问题还出在对"理想"的描绘。年轻人当然要树立追求的目标,要立志为国家做贡献。要实现理想,须执着追求,一步一个脚印。如果把理想看成为"具有通天的本领",看成为"能随心所欲地处理好一切事情",那就走了线,离了谱,变成不切实际的空想,虚无缥缈的幻想。人当然要有本领,工人有工人的本领,农民有农民的本领,教师有教师的本领,这种本领是脚踏实地干出来的,是不断学习悟出来的、积累起来的。这种本领要符合客观实际,对别人切切实实有好处,而不是凭自己的随心所欲。比如数学老师教某个数学公式,学生听起来一清如水,被严密的逻辑推理所折服,这就是本领。这种本领绝不是"通天",而是建立在为学生着想,把学生教懂教会的基础上的。我们所具有的就应该是这种实实在在的本领。

"随心所欲"不可能做好一切事情。一个人的认识有限、视野有限、能力有限、本领有限,要做好一切事情是没有可能的。人毕竟是人,不是天兵天将,想怎样就怎样,天兵天将是神话中的人物,又怎能和他们比呢?再说,人的认识往往落后于客观实际,凭自己的主观想象做事几乎没有不碰壁,不摔跤的。不能凡事以自己的"随心所欲"为准绳为标尺,准绳错了,标尺不对,当然主观与客观碰撞,烦恼就接踵而至。

信心也好,理想也好,都要脚踏实地思考问题,分析问题,并进而解决问题。天马行空,不切实际地幻想,不仅无补于事,而且导致思想上的恍惚。

力量来自脚下,振奋精神,树立信心,灵魂绝不会退却。

千磨万击还坚劲

　　山东省定陶二中高一(4)班马丽同学和上海市浦东新区民力中学张蕾同学来信都说到自己碰到事情不敢大胆地做,必须要说的话,不得不硬着头皮,涨红着脸说,可以不说的,绝不多说一句。马丽同学还说由于身体差,经常打针吃药,被别人误解为是娇气,心情不舒畅,更是胆小怕事。她们明知不对,又害怕这个坏毛病改不了,很是苦恼,请教解脱的好办法。

　　年轻人应该朝气蓬勃,积极向上,敢说敢为,如果遇事都畏首畏尾,谨小慎微,性格就会被扭曲,就不可能健康成长。清朝郑板桥写了不少咏竹的诗,其中有两句很值得这两位同学咀嚼体会,这就是:"千磨万击还坚劲,任尔东西南北风。"竹子神韵风骨超凡脱俗,被历代士大夫誉为君子。今日我们以竹为鉴,并不是要褒奖它的超脱尘世,而是要学习它那坚韧不拔的精神。竹子生命力极其旺盛,沐浴春风春雨,节节拔高,青枝绿叶,装点江山。风狂雨骤,电闪雷鸣,全然不怕。"任尔东西南北风",把笑迎困难、克服困难的坚韧劲儿和乐观主义精神刻画得淋漓尽致。

　　人不是竹子,但精神应该相似。在人生旅途中,各种各样的矛盾是客观存在的,躲,躲不了,逃,逃不掉,只有面对现实,在生活中磨炼,懂得人生,学习本领,认清并学会妥善处理多种多样的矛盾。对这个问题,邹韬奋先生有一段十分精彩的话,他说:"我们必须以现实做出发点,我们既不能像孙行者的摇身一变,脱离这个现实的世界,翻个筋斗到天空里去,那么我们只有向前干的一个态度,只有排除万难向前奋斗的一个态度。"

在学生生涯中,遇到的困难应该说还不是很复杂的,不外乎是求知的障碍、同学之间的关系,师生之间的关系和家庭之间与父母的关系中的小矛盾而已。要解决好,可以说又难又不难。如果自己心胸狭窄,遇到芝麻大小的事都瞻前顾后,犹豫不决,树叶子掉下来都怕砸破脑袋,那就没有力量也没有智慧排除种种困难。要从根本上改掉胆小怕事的毛病,当然会难而又难。

正确的态度首先是以犀利的刀刃剖析胆小怕事的原因。原因也许有十条八条,但归根结底是离不开"我"字。"我"说了,会得罪他吗?"我"做了,他会不高兴吗?会带给我不良的后果吗?……总而言之,我,我,我,"我"考虑得太多,必然会觉得手脚被捆住,施展不开,必然会觉得嘴被封住,欲言又止。治这种毛病的良药是:缩小"我"字,淡化"我"字。如果一事当前,从"我"出发,必然感到路上满是荆棘,满是沟沟坎坎,自己思想紧张,自己吓唬自己,那就活得太累了。

世界还是美好的,绝大多数的人都是与人为善的,更不用说老师、同学和家长了。家长和老师希望的,是年轻学生能够成才,不仅是天资好的,学业成绩优异的,就是智力平平的,学习上暂时还有不少困难的,又何尝不对其倾注心血,寄予厚望?青少年学生是个"变数",可塑性很强,只要坚持不懈地努力,一旦开了窍,就会突飞猛进。有些著名科学家做学生时并不都是100分的优等生。看问题要用辩证的观点,如果某一位老师目前对你还不够深入了解,也没有什么了不起。对人要有正确的深切的了解,需要相当的时间,需要在相互交往中增进理解,从自己来说,要敢于袒露自己的看法,如果把自己包装起来,裹得严严实实,时间再长,别人也难以完整地了解。

与同学相处,这样那样的小矛盾是避免不了的。对事情的看法不可能完全一致,对工作的做法也会各有各的想法,各有各的角度,只要能把工作做好,完成任务,对班级集体有利,对广大同学有益,就应放开手、大胆去干。碰到不同的意见可以交换,可以解释,只要以工作为重,以集体为重,就是暂时被误解,随着实践的验证,也会冰雪消融的。

　　对这个问题提高了认识,积极主动地去做,胆小怕事的毛病就会逐步离你而去。

在生存中求发展

江苏省泰兴市南沙楼高级中学朱小勤同学、陕西省蓝田县某中学马军伟同学来信说,自己是农村来的学生,经济比较拮据,与市里县里同学比,潇洒不起来。特别是想到乱七八糟的三间破柴房,就无法安心学习。由于经济条件差,因而产生了辍学的想法,"流自己的汗,吃自己的饭",摆脱困境。但前思后想,又不甘心,苦恼万分。

在高中求学的学生中,家庭经济条件有差异乃至比较悬殊,是客观存在,不承认或者如来信中所说"努力避开不想"是不现实的,关键不在躲、逃,不在终日苦恼,而在于如何认识,如何正确对待。

任何人都无法选择家庭。我们国家人口众多,尽管这些年来经济的发展令世人瞩目,但毕竟底子薄,各个地方由于自然条件、人力资源、文化背景的不同,经济发展有很大差异,特别是偏远的农村,要彻底改变贫穷落后的面貌,需要有志之士带领农民艰苦奋斗,创造幸福。

三间破柴屋的家境确实清贫,令人同情。然而,既然出生在这个家庭,就应该对它有挚爱深情。破柴屋是过去历史所形成的,不能怨它恨它,而是要通过自身的努力,艰苦奋斗,改变它的面貌。首先,须深深体会到在十分清寒的情况下,父母供子女读书,别说经济上的重负,那种殷切的期望、浓厚的亲情真可说是千船载不尽,万船装不完。送子女求学,宁可自己节衣缩食,宁可自己温饱不周全,这是一种奉献精神,一种求生存、求发展的顽强不屈的精神。治穷先要治愚,在极其艰难的条件下,送子女求学,是要求子女读书明理,读书学本领,是撒播改变家庭、改变家乡面貌的希望的种子。对这一点认识得愈深入,体会得愈真切,就会千百倍地珍惜这来之不易的求学机会,就会意识到这是一种责任,必须排除万难,千方百计地完成学习任务。

生存是重要的,第一位的,人活着总要吃饭、穿衣。但怎样生存,大有讲究。作为一名高中学生,一定的生活条件、学习条件必不可少,而贪图安逸,追求舒适,羡慕潇洒,在用钱时能挥洒自如,不仅大可不必,而且应有所警惕。人不能沉湎于物质的欲望之中,过度的物质欲望貌似载舟,其结果往往逃脱不了覆舟的命运。对这个问题大学问家爱因斯坦作了精辟的论述。他说:"不管时代的潮流和社会的风尚怎样,人总可以凭着自己高贵的品质,超脱时代和社会,走自己正确的道路。"现在,大家都为了电冰箱、汽车、房子而奔波、追逐、竞争。这是我们这个时代的特征。但是也还有不少人,他们不追求这些物质的东西,他们追求理想和真理,得到了内心的自由和安宁。爱因斯坦所处的时代、所处的社会与我们不一样,但他强调的追求理想和真理、超脱世俗风尚、走正确的路的生存标尺,对我们,尤其对青年学生有深深的教益。

对青年学生来说,家境贫寒是一种考验,而且是比较严峻的考验,因为生活中的衣食住行的小事天天发生在自己身边,没有坚定的认识,坚强的意志,就会经不起诱惑而动心。要做到拒绝诱惑,一是主动迎接挑战,"理想""志气"是自己的主心骨。"天将降大任于斯人也,必先苦其心志,劳其筋骨,饿其体肤……",立志成为祖国建设的栋梁之材,就能超越自我,不以为苦。二是百折不挠求发展。种子不落在肥土而落在瓦砾中,有生命力的种子决不会悲观和叹气,因为有了阻力才有磨炼。在清贫的环境中不仅要学会生活得坦然、愉快,而且要充分利用珍贵的学习机会刻苦攻读,掌握知识,求得发展。21世纪的建设者需要扎实的基础、丰富的知识、真实的本领。求知是立身之本,是发展事业之本,因而,再艰难困苦也不能轻易放过学习的机会。在这方面,许多伟人,许多有志者给我们做出榜样。大音乐家贝多芬就是与命运抗争的典范,"我要扼住命运的咽喉,它决不能使我完全屈服"。穷而求学志不移,穷而求发展的志弥坚,就能从精神上走出困境,学习上出成绩。再说,在我们国家帮困助学的风气正在形成,对经济上有困难的学生,学校、同窗、教师、社会是会伸出援助之手的。

　　成功属于坚忍者,祝愿这些同学在艰苦环境中修炼,日后获得长足的发展。

化"厌烦"为"热爱"

四川省射洪县金华中学高二年级逸潇同学来信说,他的一位同学因未考取高中而十分消极,原来活泼开朗的性格变成沉默寡言,多愁善感。这位同学虽已找到一份工作做,但仍然不能自拔,厌烦生活,厌烦别人,看到那些矫揉造作的女人,更是厌死了,厌透了。同学们劝解他,安慰他,依然无效果。来信请求帮助,希望能使他重新鼓起生活的风帆。

逸潇同学提出了一个较有普遍意义的问题。一名青年学生在求学生涯中是要经受中考乃至高考的考验,幸运者通过了,相当数量的同学由于种种原因,落榜了。特别是高考这个关口,淘汰率很高。这并不是说未进入高中和大学的同学不是好同学。由于教育事业受经济实力的制约,高中阶段、大学阶段的教育规模必须适应经济发展的要求。在绝大部分地区,初中毕业生不可能全部升入高中,高中毕业生更不可能悉数升入高校。从总体上认识这个问题,即使升学考试不顺利,落了榜,心态也不会完全失去平衡,陷入忧愁迷茫之中。

升学考试是选拔性考试,当然要择优录取。然而,也须看到,任何一份有水平的试卷都难以衡量出一名学生的整体素质;加上考试临场的种种因素,考学校的偶然性也就不可避免。这一点想清楚,也可促使心态的平衡。

要经受住升学考试失败的考验,首先是学会对待生活中的挫折。

生活道路上不都是铺满了蜜糖,不都是一帆风顺、鸟语花香。吃饭不小心还会噎住,更不用说学习求知了。希望深造的愿望是美好的,但愿望不可能都实现。须知,心想事成只是一种良好的祝愿。事实与愿望相悖,自己应该有承受力。人不是玻璃制品,一碰就碎;应该积极磨炼意志,和娇气、和脆弱斗争。雷锋曾经说过:"不经风雨,长不成大树;不受百炼,难以成钢。迎着困难前进,这也是我们革命青年成长的必经之路。"确实如此,一个青年要成长为祖国的有用人才,就要笑迎挫折,勇迎困难,坚强地向前迈步。在这方面,野草精神值得提倡。夏衍在《野草》一文中赞颂说:"如果不落在肥土中而落在瓦砾中,有生命力的种子决不会悲观、叹气,它相信有了阻力才有磨炼。"

"厌烦"的心情正是向挫折低头的反映。不顺心、不如意,看到别人就厌烦,连生活也厌烦,实际上是思想混乱,迁怒于别人的表现。没有顺利闯过升学关,有客观原因,也有自己主观上的原因,须冷静分析,认真地梳理思想,看清自己不足之处。怨天尤人于事无补,妨碍自己的进步。至于厌恶矫揉造作的女人,那是另一回事,与厌恶生活不能搅和在一起。

正确的态度应该是化"厌烦"为"热爱"。青春就是财富,热爱生活、热爱人生的人才拥有青春。青春年少之时,生命力旺盛,耳聪目明,思维敏捷,接受新信息、新事物特别灵敏,这些优势要能充分发挥,热爱生活、热爱人生是必备基础。人生不是一支短短的蜡烛,燃烧瞬间就熄灭,而是一把高举的火炬,年轻人要立志把它燃得光明灿烂,然后一代一代往下传。我们祖国的事业正在蓬勃发展,蒸蒸日上,只要放眼观看,就会被各行各业的巨大成就所感动,不仅是物质方面,精神文明方面高尚的思想、奋斗的精神闪闪发光,更是催人奋进。年轻人正是步入人生的开始,要把自己融入祖国建设事业之中,学习前辈经验,从时代中吸取丰富养料,跟随着时代共同前进。

人生有意义有价值,生活不会亏待奋发努力的人。继续升入高一级学校是成才之路,步入工作岗位兢兢业业、锲而不舍,同样是成才之路。知识的大门从不向勤奋的有志青年关闭,在工作岗位上利用业余时间学习,成为建设栋梁之材的大有人在。

生活的风帆靠自己升起,升起的内驱动力是对人生有正确的看法,是认识到自己对社会肩负的责任。相信这些同学经过一段时间身心的调整,能与"厌烦"绝缘,能扫除忧伤,欢乐地工作,创造美好的生活。

切不可妄自菲薄

四川省德阳市东方电机厂子弟中学高二学生唐艳玲来信说,自进了高中以后,成绩一直下降,开始还信心十足,满怀希望,渐渐地内心感到恐慌,觉得自己越来越笨,正如别人所说:"女生上高中就不行了,这是惯例。"因此,感到前途渺茫,十分苦恼。

成绩下降可能是事实,但据此得出女生上了高中就不行的结论,未免有点儿武断。高中的课程与初中相比,内容大大加深,难度大大提高,涉及的方方面面知识增多,要求学生思维的广度、深度也不一样了。尽管高中学科与初中学科有连贯性、衔接性,但毕竟不在同一个数量级上,学起来当然要困难得多,要付出更为艰辛的劳动。认识这一点,尊重客观事实,有利于树立信心。

首先在思想上要破除"惯例"的束缚。所谓惯例,有它的形成缘由。2000多年的封建社会,百年来的半封建半殖民地社会,男女不平等,女子在政治上、经济上、文化教育上的权利除少数人外,几乎都被剥夺,许多女子的智慧、才华被扼杀于摇篮之中,因此,久而久之就形成女子脑子笨的错误概念。其实,即使在那种极不平等的社会里,才女也不乏其人,曹大家(gū)、蔡文姬、薛涛、李清照等就名亘古今。而今,中华人民共和国成立已40多年,男女真正平等,女子求学、就业、从事各项工作享有与男子同等的权利,因此,"惯例说"已没有社会基础,历史形成的错误概念应随着历史的进程付之东流。一般地说,除了弱智之外,人的智商没有悬殊的差别,越是动脑筋学,智力开发的情况就越好。最近评选的全国妇女中的"十杰",在不同的岗位上做出杰出的贡献,就雄辩地告诉我们:妇女聪明得很,只要有志气,丝毫不比男子逊色。

其次要认真分析成绩下降的原因。打仗也没有常胜将军。学科考试当然不可能次次名列前茅。考试失手,有时确实是对应掌握的知识未正确理解;有时是慌场,一慌,脑子里出现空白,会解的题也束手无策了;有时是身体不好或有突发事件,总而言之,原因是多方面的。如果不作认真的实事求是的分析,就随便加个"笨"的帽子是有害无益的。

如果对某些学科应掌握的内容未能掌握,那也应寻找原因。比如,是否上课不专心,一心以为鸿鹄将至;或者是懒于思考,未积极开动脑筋钻研;也许是羞于提问,碰到疑难不好意思向老师请教,与同学讨论,以致障碍越来越多,解开的难度越来越大;也可能只抱着训练题做,接触书报杂志少,思路打不开。总之,要对自己学习情况做一番调查研究,只有情况摸得一清二楚,才能找到良策。

最后是树立信心,迎难而上。高中课程与初中相比,是有一定的难度,但绝不是高不可攀。只要想学习、爱学习,舍得花功夫,方法又科学,难关就会一个一个被攻克。年轻人要有勇气,要有锐气,学习上遇到一点困难就觉得"前途渺茫"是软弱、脆弱的表现。钢是在高温中冶炼出来的,有志青年是在与困难的较量中成长的。思想上不妄自菲薄,振奋精神,寻找克服困难的途径与方法,勤奋刻苦,学习质量必能有明显的提高。

我,等待着这些要求上进的高中女学生的好消息。

失落与奋起

内蒙古乌盟旗下营中学赵红亮同学和安徽省安庆市第一中学鲁明珠同学来信说,由于学习任务繁重,竞争非常激烈,在风浪中落后了,而且一落千丈,找不到原来的自己。"春风得意"已成了过去,为此十分苦恼,有时连信心也消失了。

学习从来不可能一帆风顺,总会碰到这样那样的困难。不费吹灰之力就能学好各门功课,只是不切实际的幻想。随着年龄的增长,年级的升高,学业的难度也就日益加深,要理解、要掌握、要把学到的有些知识转化为能力,须专心致志,刻苦钻研。一碰到困难就退缩,就有失落感,对进步极为不利。其实,在学习成绩优秀、自我感觉良好、"春风得意"之时,已孕育着日后不愉快的因素。因为成绩好并不能完全说明对知识都理解得正确、透彻,应具备的能力都游刃有余。须懂得,任何一张考卷都不可能考出学生某学科学习的全面水平。对这一点缺乏清醒的认识,就会盲目地自满起来。"满"字当头,必然看不到自己的不足,学习上的弱点在哪里,缺陷在哪里,不了解,不自知,等到学习一落千丈,失落、茫然在所难免。

今日的情况是昨日的发展,醉心于过去的美景并不能促成明日的辉煌。重要的是正视现在,从失落中奋起。

首先要对自己的学习状况进行一番深入细致的调查研究,毛病找准了,有的放矢地诊治,学习就会大大改进。是态度问题,学习不够认真,还是方法问题,学得不得法?是某学科某根知识链中哪几环未弄懂,断裂了,还是脑子里如马蹄杂沓,学过的知识未梳理出头绪?是只注意死记硬背,而忽视举一反三,还是学在表层,浮光掠影,不注意深入思考,记忆储存?认真地自我调查,自我了解,既看到长处,又看到不足,扬长而避短,长善而救失,就能掌握学习的主动权。

其次是树立信心,奋起直追。一碰就倒,一难就趴下,是缺乏意志力的表现。许多发明家有所发明有所创造,无不经历过了很多次的失败,很多次的挫折。例如王林鹤发明高压电桥就经过 300 多次的失败。他们为事业发展而奋起的精神和不屈不挠的决心,是我们青年学生学习的楷模。学习成绩下降,来自家长的压力,来自老师和同学的压力,看起来不愉快,但只要正确对待,理解他们的苦心、好心,催促你奋起直追,你就会变压力为动力,驱使自己奋然而前行。

年轻人要有这样的气概:"我能行!"顺利时充满自信,遇到困难遇到挫折时更要信心百倍。"行"是从无数次"不行"中总结经验教训取得的。希望这两位同学变"失落"为"奋起",振奋精神,努力学习,力争上游。

事在人为

山西省盂县二中高二年级一位同学来信说(嘱我保密,故不写姓名),由于中考的失利,没能考进重点中学,进了"二类学校",从此觉得前途暗淡,别说在亲友中,就是在家里也抬不起头来。生活如入迷津,走不出来,心情抑郁,学习效果不佳,请求帮助。

这位同学应懂得,径直的大道并不多,曲折、拐弯倒常见。生活道路也是如此,永远一帆风顺不大可能。考学校,既有真本领,也有机遇。任何一张考卷都考不出考生的全部水平。考学校,总是有两种可能,被录取或不被录取。前一种期望值很高,后一种情况缺乏必要而足够的思想准备,一旦失利,心理上就难以承受。时过境迁,过去的事已经过去,不必还背包袱。

首先要弄明白:重点中学在整个中学中是极少数,所占的比例很小,不可能每个初中毕业生都进重点中学。如果都进重点中学,还分什么重点与一般呢?所谓重点,就是在我们教育投资有限,财力、物力、人力有限的条件下,集中力量先办好一些学校。这绝不意味一般学校不是学校,不要提高教育质量,进一般学校的学生就低人一等。说抬不起头,那完全是自己的错觉。

所谓"二类学校",也就是大面积的一般学校。一般学校中有些很有教育思想,认真贯彻国家的教育方针,使学生德智体都得到发展。一般学校中有些由于学校领导和教师的努力,从学生的实际情况出发,把学校办出了特色,比如科技方面特色、艺术方面特色、体育方面特色等,不少学生个性获得发展,毕业后步入社会,对社会做贡献。一般学校同样有不少好教师,对学生尽心尽力,忠于职守,努力倾注心血,把学生培育成才。

社会由各行各业的人组成,接受大学教育只是其中的一条路,更何况现在成人教育,即使没考上大学,走上工作岗位,同样可以业余进修、学习。从这一点来说,心态完全不必不平衡。当然,在一般学校就读,不一定考不取大学。冷静下来思考,社会上事业办得火红的人,有高学历的,但更多的不见得有高学历,不过,他们注意学习,适应社会的能力强,有本领。许多一般学校的毕业生走上工作岗位后,艰苦奋斗,积极进取,做出了很大成绩,赢得了社会的尊重。

事在人为。能不能成为社会上有用的人,能不能成才,关键在自己。学校毕竟是外部条件,条件再好,自己不努力,也是枉然;学校即使不太理想,只要自己发奋,孜孜以求,同样能取得成绩,获得成功。因此,唯条件论的想法不可取。

要从迷津中走出来,主要靠自己。要甩掉困扰自己的包袱,放眼看学校,昂首挺胸理直气壮做学生。学校必然有关心你、爱护你、教育你的老师,有与你和睦相处的同学,拆除了和他们隔开的心理上的栅栏,你就会觉得他们可亲可敬可爱,你会从他们那儿得到许多帮助,使你心底开阔,心底坦然。

要振奋精神,勇往直前。精神不振作,无论如何学不好,正如来信中所说,要背诵外文,看来容易,就是记不住,要想写篇好作文,但笔就是不听话,脑子似乎塞住。中国有句俗话:大丈夫拿得起,放得下。遇事最怕黏糊,没完没了地缠在上面。人总是要向前看,不能因为摔了一跤,就趴在地上不起来,或者站起来在原地兜圈子不往前走了。正确的态度是爬起来,抖擞精神继续往前走。年轻人更是应该爽爽朗朗,富有朝气，富有锐气。考试失利对自己来说，是一种锻炼，是一种考验，跨越过去，意志、性格就得到熔铸。

要认真总结经验教训。过去学的各门功课薄弱环节在何处，仔细查一查，找一找，抓紧时间补一补。在初中学的时候，可能比较模糊，高中阶段学得比较深了，回过头去看，居高临下，看得就比较清楚，补起来也比较容易。新学的各门课力求弄懂，凡弄不明白的问题要及时向老师请教，或与同学切磋。问题积压、成了堆，再去攻克，费劲费时，得不偿失。

学习中有几点特别要注意。一是开动脑筋，发现问题。疑是学之始，无论学哪门功课，不动脑筋，提不出问题，依葫芦画瓢，就学得肤浅，印象不深，难以深刻理解，牢固掌握。二是要善于梳理学过的知识。当知识如一盘散沙，撒在脑子里，对知识的内在联系就不可能掌握，运用它们分析问题、解决问题更谈不上。梳理学过的各门知识，连点成线，探讨内在规律，不仅便于记忆，运用能力可大大加强。三是改进学习方法，该记忆的记忆，该理解的理解，死记硬背不行，但不注意背诵、积累也学不好。把自己学习各门功课的学习方法排列一下，行之有效地坚持用，不理想的、效果不佳的加以改进，提高学习效率。总之，学习要自觉、自控，千万不能脚踏西瓜皮，滑到哪里算哪里。

只要轻装上阵，聚精会神学，前途一片光明。

成功属于坚忍者

　　山东省淄博市第五中学高二颜璐璐同学、河南省兰考县第六高中高二孙艳丽同学来信说,原来学习成绩比较好,颜璐璐同学曾考进省重点中学的奥林匹克班,是"尖子学生",可是由于心理负担沉重,考试经常失利,成绩不断下降,似处在茫茫沙漠中,成功不知在何方。孙艳丽同学说,整日感到压抑,自卑自叹的因子占据了自己的心,学习上失去了自信与自强,寻求摆脱困境的途径。

　　俗话说,胜败乃兵家常事。古往今来,常胜将军毕竟是凤毛麟角,失败并不要紧,重要的是打败仗以后能及时总结经验教训,振奋精神继续战斗。学习是艰苦的脑力劳动,特别是学到高中阶段,课程门类多,内容有一定的难度,要想一学就掌握,什么困难都没有,是不可能的。为什么碰到困难,考试上受到挫折就会自卑自叹呢?我觉得这里既有认识上的原因,又有性格上的弱点,在这两个方面有所提高,有所锻炼,必能走出困境。

　　年轻人看问题容易简单化,把学习往往看成做习题与考试的堆积,特别成绩较好的同学,考好了,认为是学习的成功,考得不理想,就认为学习不行了,进入低谷,进入绝境。其实,学习与做习题,学习与考试,当中都不能画等号。任何一道练习题,任何一张考卷,即使质量再高,也不能反映学习的全部。学习的内涵十分丰富,除了掌握知识的数量多少与牢固程度外,更为重要的是要学会求知的本领。不仅要学会,而且要会学,学习思想、学习方法、学习态度都须斟酌,不可马虎。再说,求知也只是学习的一个方面,健体、审美等也是学习的重要方面,而归根结底是要学习做人。基于上述认识,就不能因考试一时失利而下学习不好的结论,更不能用失败的绳索把自己箍起来,如入茫茫沙漠,找不到前进的方向。

  认识提高,并不能解决问题的全部。学习情况下降应引起重视,冷静下来寻找原因,以正确的态度来对待。分析原因须具体,是属于知识链中哪一环或哪几环薄弱了乃至断裂了,那就抓紧时间补上;如果是平时操练得比较机械,不能举一反三,触类旁通,那就在锻炼思维上下功夫,多比较,勤剖析;如果是学习方法不得法,那就加以改进;如果是学习态度粗疏,那就细致起来。总而言之,原因明,困难才能迎刃而解。原因不明,只自卑自叹,对进步有百害而无一利。

  英国哲学家培根曾经说过:"灰心生失望,失望生动摇,动摇生失败。"要摆脱困境,就得治一治灰心。失败从来紧紧追随灰心丧气、精神不振的人,而成功从来属于坚韧不拔的强者。如何对待困难,数学家华罗庚曾经说过一段十分令人深思的话:"'难'也是如此,面对悬崖峭壁,一百年也看不出一条缝来,但用斧凿,能进一寸进一寸,得进一尺进一尺,不断积累,飞跃必来,突破随之。"对待困难就是需要这种斧凿精神,这种顽强的坚持不懈的斧凿精神。有了这种精神,就能创造奇迹。亚特兰大奥运会上,运动员王义夫在气手枪决赛中的表现,令人感动,令人自豪。这位中国射击名将仅以0.1环输给对手,在夺金牌之战中,他是失败者。然而正如中国体育代表团团长伍绍祖所说:"不是金牌,胜似金牌!"王义夫因病是坐在轮椅上上飞机的。决赛时前9发打完,他以3.8环的优势领先于第2名。可是打最后一发时,天旋地转,眼前一片漆黑,看不清靶子。他凭感觉和习惯动作扣动扳机,射出最后一颗子弹,休克在射击场上。这是何等的毅力?何等的铁骨?不是豪气过人,不是刚强百倍,这最后一发子弹是出不了枪膛的。从夺金牌来说,是失败者,却是伟大的失败者。最后一发子弹是意志在闪光,是人的身体极限的超常发挥,这种精神是难以用金钱衡量的财富,是排除万难取得新胜利的无价之宝。

学习不是体育竞赛,但道理相通。须知:难关是一个个闯的,堡垒是一座一座攻克的,思想上千万不能败下阵来。战胜思想上的动摇,奋发向前,坚韧不拔,成功就向你招手。

梦的编织与实现

内蒙古自治区集宁一中高(136)班的范雯娟同学来信说,自己在花团锦簇中长大,编织着美丽动人的七彩梦,曾经感慨于人生的美妙,陶醉其中。然而,进高中后,诸多的羁绊接踵而来,学习的沉重压力压得透不过气,学习上不甘落后,然而落后了。梦不是美丽而是忧伤,怀疑未来还能绚烂吗,感到无助与迷茫。

从信上看,范雯娟同学是在蜜糖里长大的,路走得顺利,走得欢乐,如今碰到了一点沟坎,彷徨了,忧郁了,迷茫了,希望能从我这儿得到慰藉。

每个寄希望于未来的青少年都会编织许许多多美丽的梦,但须弄清楚什么是梦,要编织怎样的梦。这里所说的"梦",不是指睡眠中出现的生理现象,而是指幻想、理想。年轻人,生命蓬勃向上,对未来充满憧憬,对社会、对人生有许多奇特的幻想,哪怕是读一篇人物传记,读一本小说,也似乎是与书中的人物交往、接触,似乎是自己亲临前线,率领数万大军浴血奋战。这是年轻人的可爱之处,可贵之处。年轻人,人生起步时,应该编织生活的梦,树立生活的理想。列夫·托尔斯泰说得好:理想是指路明灯。没有理想,就没有坚定的方向;没有方向,就没有生活。

年轻人编织生活的梦最为重要的是冲破个人小天地。以个人为圆心,以名与利为半径,编出来的梦似乎是美丽的,令人兴奋的,使人动心的,但是,由于没有放在社会大众的范畴里考虑,没有放在振兴中华建设祖国的大背景下考虑,这种梦缺乏扎实的根基,往往会飘浮、变幻,碰到挫折就破灭。编织生活的梦,树立人生的理想,要和事业的发展、祖国的昌盛、人类的进步紧密相连。很多事业上有成就的人是学习的榜样。著名文学家巴金谈创作时说:"我活着,不是为了自己。我写作,也不是为了自己。若干年前我决定继续走文学道路的时候,我曾在我心灵的祭坛前立下这样的誓言:要做一个在寒天送炭、在痛苦中送安慰的人。"这就是巴金的理想,他用语言作了明晰的表白,数十年来也是这样做的。生活的梦就是这样编织的,无美丽的辞藻,但厚实,意义非凡。也许有同学认为:我没有这份天赋,也从来不想当个什么家,谈什么梦不梦,理想不理想。这种想法值得商榷。屠格涅夫曾说过:生活中没有理想的人,是可怜的人。做一名普通劳动者,同样需要树立美好的远大的理想。水电工徐虎是名普通劳动者,他每天下班后利用业余时间为居民修理水电,解救危难,十年如一日,从不间断。为的是什么?"辛苦我一人,方便千万家",这就是他的理想。这样的理想还不伟大,还不崇高吗?

年轻人编织生活的梦是应该的,值得赞扬的。只要目标明确,方向正确,就应为它的实现而奋斗。梦毕竟是想象的产物,要把理想变为现实就须坚持不懈地奋斗。生命之歌就是一首高昂的奋斗之歌,一首排除困难、勇往直前的歌。理想的实现靠行动,空想、空谈不可能出现任何成果。如前所说,徐虎理想的实现靠他十年如一日的行动。在这个过程中,他克服了难以用数字计算的种种困难,如严寒、酷暑、狂风、暴雨,除夕不和家人团聚,脏臭不退却半步等。正是如此的执着追求,他的理想放射光芒,赢得了全社会的尊敬和赞扬,成为宝贵的精神财富。

说了这么多,目的是让范雯娟同学从迷茫中醒悟过来,振作精神。首先,认真而冷静地审视一下自己编织的生活的梦,有无正确的航向,是建筑在梦幻的基础上,虚无缥缈,还是扎根于社会,面向人生。审视的过程实质上就是学习的过程,提高认识的过程,修正、补充、完善的过程。这一步走好了,第二步就是拿出行动。高中阶段的学业与初中的不能等同,难度加大了,层次提高了,困难也就在所难免。承受力之所以差,是由于心理准备不足,对困难估计不够。目前既然已有所接触,有所认识,就应调整心理状态,迎难而上。初中阶段成绩好,那是过去的事,现在要紧的是面对现实,哪些地方不如同学,就真心诚意地向他们学习,哪些知识有缺陷,就努力补上。事在人为,只要清楚地认识自己,勇于看到自己的不足,振奋精神坚持不懈地往前赶,美好的愿望终将成为现实。

笑迎磨难　自强不息

　　山东省商河县第二中学高中王登俊、四川省射洪县金华中学高中苏伟、安徽省芜湖县某高中陈维发等同学来信说,自己或因小儿麻痹症,或因其他原因,留下了残疾,左上肢或右下肢残疾,心中十分痛苦。身体上的残疾弄得自己神魂颠倒,像泄了气的皮球,被打蔫了的花朵,整日品尝苦果,不知所措,不知前途在何方,希望得到指点,得到力量。

　　这几位同学的心情是完全可以理解的,遭遇也是颇值得同情的。但是,人总是要学会正视现实,千万不能沉溺于痛苦之中不能自拔。

　　首先,要抬起头来生活。信中说到拄了拐杖就怕见人是要不得的。从有人类起,就有残疾人。残疾,是人类发展进程中不可避免地要付出的一种社会代价。谁都不愿意自己有残疾,可是众多的因素,如疾病、意外事故等降临到自己身上时,谁也无法抗拒。一个人身上有这样那样的残疾,绝不低人一等,因为与主观上有意犯差错在性质上截然不同。残疾人与无残疾的人一样,有人的尊严和权利,是社会物质财富和精神财富的创造者。放眼看全国,现在约有 6 000 多万残疾人,他们同样有报效国家的壮志,有聪明才智,与无残疾的人一起,建设我们的国家。思考问题不应囿于个人,开阔视野,想得宽一些,心中就会如释重负,轻松很多。挺起胸来昂首面对现实,积极参与学习生活、社会生活,是排除心中痛苦的有效方法。

　　残疾,对谁来说,都是一种磨难。在生活上、学习上、工作上有诸多不便,同样一件事,和常人比,要付出更多。在这种磨难面前,可以持两种态度:一是终日愁眉不展,自怨自艾;一是泰然处之,洒脱乐观。显然,前者不可取。因为除了在心理上自我折磨之外,确实于事无补。后者不仅须提倡,而且应力求真正做到。也许这几位同学会说,残疾不在你身上,你根本没有切肤之痛,当然可以说得轻巧。事实不是如此。做人要有道德规范,人道主义就是处理人与人之间关系的一个道德规范。凡有人道主义精神的对残疾人都有一颗真挚的爱心,能真切体味到他们的艰难与苦痛,并随时准备伸出援助的手,帮助克服困难。持后者态度是极其不易的,但只有树立洒脱乐观的态度,生命才会充分发挥价值,也才会真正品尝到生命的欢乐。

要洒脱乐观,须事事从自己的实际出发。人喜爱"比",在"比"中追求生活。如果遇事和无残疾的人比,很容易越比越丧气;如果和自己过去进行纵向比,就会尝到进步的喜悦;如果和类似自己残疾的人进行横向比,就可从中吸取经验教训,增添前进的力量。要洒脱乐观,就须在心中谱写一曲勇于战胜困难、持续克服困难的生命赞歌。

要做到这一点,须培养自己具有自强不息的精神。张海迪同志高位截瘫,她以百折不回的毅力,顽强拼搏的锐气,战胜常人难以想象的困难,创造了可歌可泣的业绩。不说别的,就说外语水平、文学功底,与她同龄的许多正常人也难以与她匹敌。这种业绩是自强不息的精神所孕育,是自信力的结晶,是坚强意志闪发的光芒。全国知名的做出突出贡献的残疾人令人敬佩,不知名的在平凡岗位上竭尽心力默默奉献的同样令人肃然起敬。例如上海盲童学校的讲台上有位站了36年的盲人教师黄秀清,就以惊人的毅力、超常的爱心,带领盲童学习文化,用手"观察"实物,"观察"春天的景致,使学生享受到大自然的温馨。生命初期,一场"天花"使整个世界在黄秀清的眼中消失得无影无踪。黑暗,将伴随着她走完生命的全部行程。面对残酷的现实,她没有气馁,而是与命运抗争,自己刻苦学习,给失去光明的孩子心底注入爱的阳光,多少年的辛苦不寻常,她终于在黑暗世界里创造了辉煌。

江泽民主席对残疾人自强模范给予高度评价,他说:"从他们身上,可以感受到一种巨大的精神力量。这种精神,就是自尊、自信、自强的民族精神。这种精神,是求生存、图发展的一种志气,一种自信力,是我们民族的灵魂。"反复诵读,深刻领悟,就可从中获得持久的动力,就可看到前途一片光明。

多虑伤神

四川省石柱中学高 97 级某同学、山东省栖霞市第四中学 95 级某同学、重庆市某中学高二年级某同学来信说,自己不是"提得起,放得下"的人,遇到事情总是多虑,一件事情决定以后,立刻又怀疑起来,怀疑自己,怀疑同学,哪怕是答一道试题,如果字稍微有点潦草,明明老师看得清,总放心不下,于是改掉重写,最终影响答卷的速度。明知多虑是坏毛病,但脑子里总有一个东西强迫自己去想,摆脱不了,终日被一些小事缠绕,精神恍惚,十分苦恼,希望得到帮助。

从来信中确实可以看出这几位同学对事情考虑得比较过分,很伤精神。比如,要不要给我写信就想来想去,写好还是不写好,会不会解答,怎样解答,想得一套又一套。又如嘱咐我不要在回信中登来信人的姓名,原因是这个、那个,不能把秘密告诉别人,否则,太痛苦了,又是一套一套。

碰到问题,碰到事情,动脑筋思考一下,这很正常,无可非议。思考是人类最大的乐趣。早在 2000 多年前,孟子就说过:"思则得之,不思则不得也。"作为一名高中生,在求学的过程中勤于思考,善于思考,具有优良的思维品质,不仅学习上能取得成功,而且为日后事业的成功打下良好的基础。然而,思索考虑要注意对象、内容、质量,漫无边际地多想、乱想,那就走上了岔道,给成长带来消极影响。

在求知的过程中要提倡"疑",在无疑处产生疑问,多问几个为什么,动脑筋反复思考,就能抓住要领,深入理解,达到豁然贯通、举一反三的境界。学习是生活的一部分,生活中不能事无巨细,事事产生"疑"。如来信中所说,自己的一举一动都怀疑同学有看法。成绩好时,怀疑同学说三道四;成绩不理想时,又怀疑同学鄙视自己;与同学交往多一点,害怕耽误学习,浪费时间,又怕招来流言蜚语;交往少,又怀疑别人说自己无能耐、高傲。只要冷静下来,稍微理智一点,就可发现这种烦恼的制造者不在别人,而在自身。

一个人总是生活在一定的群体之中,总要与别人交往。彼此交往应建立在相互尊重、相互信任的基础之上,特别是同学之间,切磋琢磨,友谊纯真,更应信任在先。用怀疑的眼光看世界,用怀疑的目光看同学,貌似对别人不信任,实质对自己也失去了信任。自己是怎样一名学生,思想品德、学业水平、工作能力、身体状况等,自己应有一个基本认识。认识正确,就有自信力,就能主宰自己的言行,不为外界因素所左右。心里坦荡荡,立得正,坐得直,就不会疑三惑四、疑神疑鬼。首要的是自信,相信自己,信任自己,从"疑"中解放出来。"疑"不清除,就会作祟,就会生"虑",虑多,就会控制不住,胡思乱想。疑,绝大多数出于自扰,自己缠绕自己、搅乱自己。有时对某件事、对某些言行,别人可能也会有点看法,有点说法,那就应该采取实事求是的态度,反躬自省,确有不妥之处就改进,没有不对的地方就坚持,要提得起、放得下。人总要有胸怀,连几句话都不能承受,将来在生活道路上怎能笑迎各种挑战?怎能经得起各种挫折?胸怀要宽广。宽广不是天生成的,而是不断学习、磨炼,加强自我修养,克服多种心理障碍的结果。

多疑、多虑,说到底就是患得患失。有一个故事我们可从中获得启发。东汉末年有个大名士叫郭泰,他一生培养了不少人才。有一次,郭泰在路上见到了一个叫孟敏的人走路时不小心把瓦罐掉在地上打碎了,这个人继续往前走,连一眼也不看。郭泰觉得很奇怪,便前去问他,孟敏说:"甑(瓦罐)已破矣,视之何益!"郭泰觉得他很有决断,与他一席谈,发现他很有德行,便劝他读书求学。后来孟敏成为一个闻名当世的人。瓦罐确实打碎,这是事实;既然打碎,全然不放在心上,这就是豁达。要有宽广的胸怀,就得遇事豁达,决不黏黏糊糊。实有其事,都能丢得开,放得下,更何况那些凭乱想、瞎想、无中生有的事?如果左想想"得",右想想"失",困扰在其中,真是庸人自扰了。

解铃还须系铃人,自己构建的烦恼要靠自己勇敢地冲破。在明理的基础上身体力行,实践一个阶段,就能轻装前进。

化羡慕为志气

浙江省余姚市第四中学高一(4)班学生杨建浩来信说,他对社会上很多人和事很羡慕,羡慕伟大人物周恩来的才学,羡慕搞科学技术专家的本领,羡慕有些企业家的胆识,而自己想做什么,如写诗,就写不出一首好诗,再看看社会上丑恶的事,心灵里就有"太多太多的苦闷",不知怎么办才好。问:是不是不该羡慕?因为"想做一个幸福的人,请不要羡慕和嫉妒别人"。

我认为,对美好事物的羡慕并不是坏事。看到别人的优点、特长,希望自己也具备,应该说无可非议。如果说羡慕别人穿着打扮、吃喝玩乐,那就是爱慕虚荣,另当别论了。然而,要真正懂得"羡慕"的内涵,对有些人和事仅仅停留在羡慕上就远远不够了。例如我们的开国总理周恩来是天下罕见的奇才,从品德到学识,从治国的雄才大略到待人接物的温文尔雅,不用说同志、朋友、广大人民高山仰止,敬佩不已,就是政治谈判对立的一方也被他的人格所吸引,被他的高风亮节所折服。因此,对伟人周总理应是崇敬、爱戴,"羡慕"分量太轻,不足以表达应具有的思想感情。

羡慕虽不是不好,但一个人总不能整天处于羡慕之中。与其整日羡慕低回不已,何不振作奋发,自强不息?为什么古往今来许多人有学问,有胆识,有本领呢?道理很简单,是从自己的实际情况出发,长期坚持不懈努力奋斗的结果。要奋斗,就要有志气,无志气,就不可能有排除困难的勇气和毅力。

立志向,有志气,是做人的根本。古人说:"志不立,如无舵之舟,无衔之马,漂荡奔逸,终亦何所底乎?"这里连用两个比喻,说明人无志就无主心骨,和无舵之舟、无衔之马一般无二,毫无方向、目标,不知漂荡到何处,奔逸到何方。巴斯德在《科学家成功的奥秘》中说得更清楚明白,他说:"立志是一件很重要的事情。工作随着志向走,成功随着工作来,这是一定的规律。立志、工作、成功,是人类活动的三大要素。立志是事业的大门,工作是登堂入室的旅程。这旅程的尽头就有个成功在等待着,来庆祝你的努力结果。"当然,这里阐述的是立志、工作、成功三者之间的关系。须知:事业成功必然与胆识、才能、学识紧密相连。因而,要练就从事工作的真本领,要使自己具有丰富的知识,须立志,须胸怀大志,明确前进的方向,确立奋斗的目标。

立志向,有志气,绝不是说大话,崇尚空谈,而须切切实实去做。鲁迅先生对空谈的危害一语道破,他说:"空谈之类,是谈不久,也谈不出什么来的,它终必被事实的镜子照出原形。"由此可见,关键在脚踏实地地干。年轻学生对这一点不仅要有充分的认识,更要自觉实践,养成实干的好习惯。"合抱之木,生于毫末;九层之台,起于累土;千里之行,始于足下。"任何成绩都是长时间地一点一滴积累起来的。如果不重视"毫末""垒土",哪来的参天大树、九层高台?再远的路也是靠一步步坚持不懈地走出来的。比如,这位同学喜爱诗,羡慕好诗,那就该选择一些好诗阅读、理解、背诵,仔细咀嚼其中语言文字的功夫,表达思想感情的佳妙。如果不下功夫阅读、背诵,只徜徉在羡慕之中,怎么可能写诗,又怎么可能写出好诗呢?

生活中不能布满感叹号,总是欣赏啊,羡慕啊,感叹啊;大量的应该是逗号和句号。一样样本领坚持不懈地学,一件件事实实在在地做,脚踏实地,力戒空泛浮躁。至于对丑恶事物怎样看,那要另文讨论。

上学哪能无用

黑龙江省勃利县高级中学李磊同学、山东省即墨市第三中学高岩同学、黑龙江省齐齐哈尔市克山县一中兰志民同学来信说,在当今商品经济大潮的冲击下,不少学生辍学了,抓住机会挣钱;而学习又是那么艰苦,课堂上不易集中注意力,课后做作业困难重重,为此,产生这样的疑问:上学还有用吗?这个问题想了很长时间,未找出答案,请求解答。

这些同学所提问题有一定的代表性,这个问题确实使不少同学产生了困扰,很有讨论的必要。

人不能自然成才,总要靠培养,学校是培养青少年学生成才的主要场所。上学为什么?为了求知,为了学得做事的真本领,为了懂得做人的道理。在学校打下思想道德和科学文化方面良好的基础,长大了为国家为社会做贡献。

人要脱离愚昧,就要求知。知识对一个人来说,犹如血液一样宝贵。人缺少了血液,身体就要衰弱,人不重视求知,缺少知识,头脑就会枯竭,就会缺少人作为万物之灵的灵气。青少年时期是求知的黄金时期,精力旺盛,记忆力强,在这个时期打下扎实的知识基础,一辈子受用不尽。

求知的目的不是做书架子、书口袋、书呆子,求知的目的是使自己成为文明人、文化人,有立身处世的真本领,能为人民为社会做奉献。有种认识完全进入误区,认为只要会赚钱,就是有本领,至于有没有知识无关紧要,甚至认为大学毕业生找不到赚大钱的工作,还不如不读书,不如没有知识。这种看法是糊涂看法。首先,糊涂在钻进钱眼里,以钱为中心,以赚不赚钱作为衡量得失成败的标尺。人要生存,要有衣食住行的基本条件,这是政府所关心的,也是个人通过自身的努力来实现的。人不可能不食人间烟火,通过自身劳动,获得相应的报酬,是正当的、应该的。奉献于社会,社会给予报酬。如果把赚钱作为追求的唯一目标,那就背离了做人的基本道理。人生的价值绝对不是一味索取。见利忘义,堕落犯罪,乃至落入罪恶的深渊,均由于从小没有打下做人的良好基础,经不起金钱、物质的诱惑,被钱击中、打倒,乃至毁灭。人掌握钱,在金钱面前清醒、主动,就能用它来发展生产,促进交流,改善生活;钱把人掌握住了,就会利己私欲大发作,人生的悲剧也就从这里开始了。

其次,糊涂在目光短视,只见眼前小利,看不到社会的发展与进步,导致读书无用的思想抬头。在社会转制转轨的过程中,我国的法制还不健全、不完善,不少行业有机可乘,有空子好钻,有些头脑灵活的人确实从中牟利不少。但是,这种情况不可能持久。至于骗来骗去,从中牟利,更是只可能得逞于一时,假的毕竟是假的,迟早要败露。放眼看社会,就知道具备真才实学对求职、对社会发展是多么重要。科学技术迅猛发展,产业结构发生巨大变化,电子计算机进入各个行业,多媒体的出现又促进大发展,产业现代化、管理现代化、经营现代化,对人们知识的要求越来越高,对人们的实际能力要求越来越严。比如,当今对就业者电脑操作的要求、外语掌握的要求,比过去高得多。过去没要求的,现在有要求了。不学习,怎可能具备这些知识与能力?别说高新技术,就是一般的行业对人们的科学文化的要求也与昔日不能等同了。不说别的,就说种田吧,和泥土打交道。有知识,科学种田,盐碱地可改造为良田,取得大丰收。人工养鱼、人工养虾、人工养蟹,哪一样离得开知识?不用说做学问了,就是农业致富、工业致富、商业致富,也要有真才实学。

人活一辈子,总要思前想后,不能热衷于"草莽英雄",到社会上去捞一把,以图个人享乐。应心中有社会,心中有他人。今日勤奋学习,日后工作就有后劲。越有真才实学,越能得到人们的认可与尊敬,择业、就业的道路越宽广,成才、发展的余地越大。学校教育正是适应社会发展、时代需要,培养大批青年成才的有效途径,怎能说上学无用呢?

学会科学用脑

四川省潼南塘坝中学高中学生杨小利、广西浦北县某中学陆某某（嘱我不要披露学校及名字）来信说，由于学习紧张，成绩不理想，再加上父母的期望值很高，于是努力加拼命，以至于头脑整日发痛，昏沉沉的，有的已经形成淤血性头痛，苦恼不堪。

这两位同学的情况很值得同情。求学的人身体健康是非常重要的，身体健康，精神饱满，学习的精力就充沛，学习效果往往较佳；反之，这里疼痛，那里不舒服，心情就不舒畅，学习效果就会受影响。头脑是身体的司令部，注意用脑卫生，保护头脑的健康，保持头脑的清醒，是每位学子要重视，要在行动上落实的事，并要注意积累这方面行之有效的好经验。

学习是紧张的，每位学生出于使命感和责任心应该勤奋学习，刻苦钻研，神经紧张也是常有的事。但是，从早到晚，从周始到周末一直把神经的弦绷得紧紧的，谁也受不了。古话说："一张一弛，文武之道。"弓弦松弛，箭射不到靶子，达不到目的；弦绷得紧上加紧，就会断裂。工作讲究节奏，效率就高；生活讲究节奏，就舒心，就会怡然自得。学习同样要讲究节奏，在张弛间调节。课与课之间有休息，就是让学生脑子放松一下，调整一下，以利下一节课学习有高效率。暑假、寒假以及平时的国定假日，也是学习与休息调整的好时机。关键在自己要学会放松，消除紧张心理。一是认识上要端正，不要迷信紧张就能出好成绩。学得好,当然离不开全神贯注,开动脑筋,但读不进时硬读,逼着自己读,不仅效果不佳,而且脑机器会受损伤。二是性格上要开朗,心胸要豁达。俗话说,大丈夫要拿得起,放得下。脑子紧张多时,不大好使唤了,应立刻刹车,让它休息,千万不能黏糊,又要放下,又舍不得,结果是既未能休息,又学不进,徒然浪费时间、浪费精力而已。

脑子放松有多种方法,可视具体情况而定。比如,学了半天数学,注意力高度集中,脑子有点涨,那就可以听一下轻松的音乐,让美妙的音符在脑子里跳荡,进行积极的休息,使疲劳的脑袋获得恢复。有时可散散步,舒展舒展四肢,舒展舒展筋骨。放松的诀窍是彻底丢开,如果一边走,一边还在想数学题、想语文课文、想物理中的定理定律,那就是名松实紧,完全达不到休息的目的。

放松,要注意心理与生理的结合。思想上有沉重的负担,总怕考不出好成绩,心理就会持续紧张。其实,"怕"是无济于事的,重要的在于认真对待,自己只要尽心尽力学,就无可非议。心理上去除重压,用脑卫生才能得到保障。休息时脑子放松再放松,把一切杂念排除在外,有时让脑子呈空白状态,让一个个神经细胞得到良好的调养。

要保护脑子的活力、脑子的聪慧,还应挤出时间积极锻炼身体。身体强壮,精力旺盛,头痛之类的小毛病也就容易消除。

特别要注意的是,自己不能吓唬自己。因为有淤血性头痛,所以就可能会脑溢血。这大概是推测。应该相信科学,有病就向医生请教,弄清病因,及时治疗,再加上注意用脑卫生,病是会好的。年轻人,生命力旺盛,这是优势,讲究点生理和心理健康,病将会离你而去。

笨？

河南省三门峡胡霞云同学来信说，由于在一次考试中许多同学成绩不好，被认为是脑子笨。心里苦闷，实在想不通。询问：来自农村的土学生，是不是脑子真的比城市里的学生笨？这个问题不解决，自卑感就难以消除。

胡霞云同学所提的问题很值得探讨。一般说来，能读到高中的学生，智力不会太差。在学生群体中，智力会有些差异，但这种差异不会很悬殊。而且学生之间智力的差异也不是一成不变的，有的看来很聪明的学生由于刻苦不够，或者其他因素的影响，学习后劲不足，有的看来反应并不十分灵敏，由于认真刻苦，虚心好学，越学越聪明。因此，随便对学生下结论说某某人"笨"，不仅不科学，而且有损这位学生的自尊心。

人的智力差异不能以地域来划分，不能笼而统之地说，城市的学生比农村的学生聪明。城市有城市的条件，农村有农村的条件，人生活在特定的社会环境、自然环境中，接受外界信息的内容、数量、密度、渠道等均不尽相同，因此，对某些事物容易熟悉，对某些事物比较生疏，甚至因从未接触过而完全无知，这就形成了对某些问题反应灵敏，对某些问题反应缓慢乃至迟钝。这并不能一概而论地说"笨"或"聪明"。城市经济比较发达，科学技术相对农村而言，比较先进，生活节奏快，信息量大；农村长大的接触得多的是大自然，对农活、动植物生长规律，对风云变幻的情况等,认识往往又超过城里人。因此,各有各的特点与长处,不能以此来界定"笨"与"不笨"。

一个人对事物的认识总有个过程,有的过程比较短,有的过程比较长。除了事物本身的复杂性外,与人的知识积累、知识储存很有关系。对某个事物、某个学科的定理、定律一无所知,要一听就懂,一学就会,是不大可能的。这显然不是天资好与坏的问题,而是知识底子有没有、厚不厚,知识面宽不宽的问题。掌握的知识越多,越能触类旁通,学习新知识越快。

至于考试,除了必然因素外,还有不少偶然因素。考试成绩往往不能全面准确地反映一名学生的真实水平。题目的难易程度、题型的种类与组合、解题的角度与方法等,对成绩均会产生影响。因此,考试成绩好不好难以下"笨"与"不笨"的结论。学习主要靠自觉,要有分析问题和解决问题的能力。考失败了,差错很多,就要冷静地分析。要分析错在哪里,为什么错,是数学概念不清,还是运算出了毛病。只有作实事求是的分析,才能弥补漏洞,提高学习质量。

学习贵在自强不息,即使目前学习上不理想,也不必自卑,别人说三道四,没什么了不起,只要自己尽心尽力学,就没什么可遗憾的。人在社会上要经受各种各样的锻炼,包括家长、老师的不理解,包括学习上乃至工作上的不如意,要有承受困难、承受委屈的能力。心理承受力越强,越能促使自己发奋。

希望胡霞云同学及与她有类似情况的同学正确对待外界压力,排除苦恼,在学习中发挥聪明才智。

与"粗心"告别

山东省平度市第九中学迟丽杰同学来信说,自己学习成绩直线下降是由于"太粗心"造成的,虽多次下决心改,但总改不掉,为此深感苦恼,请求"救援"。迟丽杰同学的苦恼可以理解,然而问题要作具体分析,以"太粗心"来囊括学习成绩下降的全部原因,似乎并不妥帖。

这里且不说其他原因,就以"粗心"而论,也很值得探究一番。

可以说,"粗心"几乎是学生学习中的通病,尤其是在低年级男学生身上更为突出。题目不是不懂,不是不会解,而是看错数字,遗漏关键字词,或者计算上发生差错。为什么会发生这种现象呢?其中有几点须注意:一是阅读时较长时间形成了浮光掠影的习惯,摄入脑海中的文字信息常带有想当然的色彩,不完全符合题目的实际要求;二是解题时心中有自以为是的障碍,认为题目简单,立刻动笔,缺乏必要的思考;三是解题时思维跳跃,思想未能高度集中,比如3与8相乘应得24,脑中突然出现21,于是写下21;四是过分相信解题后的自我检查,认为反正要检查一遍,错了也没关系,可以改正。怎么办?根据自身的情况有针对性地解决。

试题、作业题千万不能用浏览的方法读,要咬文嚼字,养成审视的习惯。漏字、添字、改字,一字之差就会谬以千里。因此,解题的第一关是读懂题目,准确无误地理解题意。第二关是解题时不管题目难易,都要认真对待。常常会出现这样的情况:越是容易的题目,差错率越高。

主要原因在于答题的人有"轻敌思想",自以为不难,就不认真思索,这样就大意失荆州了。因此,解题时必须重视"思",千万不能马虎。第三关是解题时要全神贯注,不能分散注意力。注意力一分散,差错马上就钻空子。解题常会有这种情况:做这道题目时,又不放心另一道题目,视线上跳来跳去,思维也就跳来跳去,这样,很容易出差错。思想不集中,计算上特别容易出问题。注意力不集中,有时是由于脑子疲劳的缘故。办法是解完几道题目后,脑子放松一下,稍事休息,注意力又可立刻集中起来。课堂上听课要学会脑子自我调节,考试、做习题时也应如此。连续几十分钟思想绷紧,效果不一定佳。有张有弛,合理调节,学习效率、解题效果会大大提高。最后说一说自我检查问题。完成答卷、完成作业,自我检查是必要的,也会有某些效果,但不能迷信于此。答题最为重要的是第一遍就正确无误,认真仔细地推敲题意,按要求完成答案。事后的检查有时能发现问题,但大多数发现不了问题。这是由于某个学生的解题有自己的思路、自己的习惯,看第二遍时,由于时间上无间隙,往往仍然走这条路,跳不出圈子,故而难以发现问题。再说,完成题目的解答已有疲倦感,走第二遍,再看答卷时,注意力不易集中,容易粗枝大叶,故而也常发现不了差错。总而言之,发生在学生身上的粗心大意并不完全一样,应该冷静思考,作具体分析,然后采用恰当的方法加以改正。

"粗心"和"年轻"常常是捆在一起的,有"粗心"的毛病并不可怕,只要找准原因,下决心改,就会有成效。迟丽杰同学说在这方面已失去信心是大可不必的。只要寻准"病因",持之以恒地改,必能与"粗心"告别,不断提高学习的质量。

走神与自控

广东省湛江市吴川一中高三黄小洁同学和山东省临清市第二中学高一(3)班唐学哲同学来信说,自己懂得上课须专心致志,但等到上课时,精力不集中,经常走神,可怕的思想野马收不回来,这样,成绩就越来越差,考试成了常败将军,希望能改变这种情况。

上课须聚精会神,提高学习效率,这是同学们周知的,然而,能不能做到,却大有学问。为什么不能做到,应寻找原因。有的是人为的因素,自己不想学,不要学,人坐在教室里,思想却天马行空,在广阔的天地里遨游。有时眼睛盯在教科书上,实际上视而不见,眼睛看着老师,实际上听而不闻。脑子里是杂七杂八的画面,像过电影一样。产生这种情况,多半是对学习的重要性缺乏较为深刻的认识,学习态度不够认真。

学习知识,培养能力本不是轻松的事,不经过艰苦的脑力劳动,就想学好各门功课,有比较强的语文能力、数学能力等,无疑是天方夜谭。知识、科学文化、人类创造的精神财富不会自己走到你的脑子里,而是要靠你打开思维的门扉,去读、去看、去说、去理解、去深入思考。学校里的课堂是学生培养能力、汲取知识的主阵地,教师引导、启发、点拨,能帮助自己学得多、学得快、学得好。学生在学校大部分时间是在课堂里度过的,如果一节节课学习效率不高,无疑是让大好时光付之流水。浪费时间就等于浪费生命,因为任何一个人都无力使时间倒流,任何一个人都不可能有第二个青春。因此,一名学生上课时要不要努力学习,说到底,是自己要不要成为有科学文化素养的人的问题,是对社会有没有使命感和责任感的问题。这不是故意拔高,因为高中生不是小学生,不是儿童,幼稚无知,已受到10多年的教育。只有从根本上认识到这一点,才能有效地增强自我控制的能力。

上课,要克服走神的毛病,须摆正自己的位置。如果把自己摆在消极的被动的容器的位置上,走神的事就容易发生。因为任凭老师灌,自己不积极动脑筋,要45分钟保持注意力高度集中是十分不易的。如果自己动脑筋主动思考,主动学习,情况就大不一样。心理学实验表明:一个正在有意识地思想着的人脑,他的兴奋点可以发光的话,可以看到,在大脑表面上有一个光点在活跃着,它的边缘是奇幻的、波状的,它的大小与形状,经常在变化着,而四周都是或深或浅的黑影,布满了两半球的其余部分。这就是说,外界的信息进入这个兴奋中心的话,被反映得最清楚,与周围的"阴影"部分比,有着不可比拟的优越条件。因此,只要发挥主观能动性,积极思考课内所学的内容,眼看、口说、耳听、手写、心思,就能抵御或排除各种因素的干扰,过去生活中的种种人和事、景与物形成的种种或模糊或清晰的图像就会远离而去。

上课走神有的是由于长期形成的习惯所造成。"为学贵慎始",从小养成良好的学习习惯,一生受用不尽。从小学习没有在用心专一上下功夫,上课常注意力分散,那就要花力气扭转已形成的不良习惯。改变不良习惯确实有相当难度,英国著名作家狄更斯说:"顽强的毅力可以征服世界上任何一座高峰。"改掉坏习惯绝非一蹴而就,不可能一个早晨就会前后判若两人,而是要有耐心和毅力。目标是改掉坏习惯,树立好习惯,而在破与立的过程中需要一步一个脚印。思想一旦开始如野马准备奔腾之时,立刻用力气拽住。哪怕是对自己一点小小的克制,也会使自己变得强而有力。当然,在改的过程中,会产生时好时不好的现象,会出现反复。这是正常的,没有什么了不起。只要认准目标,一个劲儿地往前走,尽管路途中有或多或少的曲折,最终也是能达到目的地的。

克服走神现象,增强自我控制能力,绝不是只囿于上课一事,听报告,参加课外活动,社会实践活动,无不需要明意义、明目标,无不需要明确自己的位置和应发挥的作用。在有限的时间内取得最佳的学习效果,这是每个高中学生都应关心并致力研究的问题,排除种种干扰因素,克服上课走神,只是最起码的要求,只要下决心,一定能做到。

有效的学习效果属于自控能力很强的人。

善问者"智"

湖南省涟源市涟源四中理科班旷晓潮同学来信说,自己学习成绩之所以不理想,是由于有些课听不懂,听不懂又不敢问,怕老师笑话,怕同学笑话,怕他们说这些基础的东西都不懂,太笨了。对害怕问这个缺点自己深恶痛绝,但就是改不了。一个"笑",一个"笨",把自己压得开不了口,希望能得到帮助,清除不敢问、不善问的障碍。

求学过程中,敢不敢问,善不善问,对学生来说,确实至关重要。旷晓潮同学意识到这一点,并寻求解决的方法,是要求进步的表现。要解决这个问题,认识上须提高,行动上须积极。

古人说:"为学患无疑,疑则有进。"读书求学就怕脑子里没有疑问,模糊一片,似乎懂,又似乎不懂,说不出个道道儿。有疑难问题,并积极寻求解决的途径,说明学习有了进步。学生在求知的过程中碰到这样那样的疑难无可非议。人非生而知之,只有通过艰苦的学习,才会由无知变为有知,由知之较少到知之较多。学习的过程实质上就是生疑(产生疑问,发现问题)、析疑(分析疑难,寻找方法)、解疑(攻克难关,解决问题),再生疑、再析疑、再解疑循环往复不断推进的过程,因而"疑"是学之始,求知的开端。学生脑子里有疑难问题,不是"笨"的表现,不懂就问,正是认真思考、主动探求知识的反映,没有什么可笑。对学习中敢于质疑、敢于提问题的重要性缺乏正确的认识才真正可笑。

凡热爱事业、忠于职守的教师都喜欢学生提问题,因为他们深深懂得提问题是动脑筋积极思维的结果。而思维是认识活动的核心成分,是学生掌握知识的中心环节。最聪明的学生,最学有成效的学生,往往是在学习过程中最能发现问题、提出问题,并多角度去寻找解决问题途径与方法的人。一个有质量的问题,不仅能活跃学生的思维,而且能把教学活动引向深入,乃至弥补教的不足。正因为如此,教师总千方百计启发学生质疑,组织学生辨析疑难。当学生提出高质量的问题,并发挥聪明才智进行探讨时,教师的喜悦难以言表。从这一点说,提问题怕老师笑话,当然是无稽之谈,这种顾虑应彻底清除。

所谓有质量的问题,并不是高深莫测,或虚无缥缈、玄而又玄。有关基础知识、基本理论的问题并非简单,其中很有学问。例如:树叶枯黄为何往地下飘,不往天上飞?为何球往地下落,不落到空中?手中的物品(氢气球除外)只要手一松,就往地下掉,为什么?这些问题乍看是不成什么问题的,可是求知欲旺盛的人循此研究下去,就发现了地心吸引力。高中各学科中遇到的任何一时不解的问题,都很值得询问、推敲。只要抓住不放,思考辨析,都能品尝到求知的乐趣。

不懂就问,只是质疑的一个方面,更重要的在于有生疑的习惯与本领。要善于在看似无疑处产生疑问,有疑问,就如手持手术刀,往学习的深入开掘。有深度,就能得其底里,印象深刻,经久不忘。例如,大家都学过鲁迅先生的《孔乙己》,孔乙己是这篇小说的主人公,谁也不会有异议。学习过程中,有同学提出:孔乙己姓甚名谁?其他同学一下子愣住了。再阅读,再思考,就恍然大悟,原来该主人公不姓孔,名字也不叫乙己,而是绰号。一个人活在世界上别人只知他的绰号,不知真姓名,这就预示着悲剧的命运。学习中善于发现问题,学习就会闪现光彩,思维能力就会得到锻炼、得到发展。

要善于发现问题、提出问题,除了敢字当头,消除种种不必要的顾虑外,十分重要的是多实践。可新旧知识联系起来思考,可课内课外对照比较，可深入一点仔细钻研，可从不同角度剖析推理。总而言之，积极开动脑筋，求知过程中的问题就会源源而来。问题涌出来以后，有些可自己解决，有些可请教老师和同学，集思广益，以求学得深入，学得扎实。

教育家陶行知在《创造的儿童教育》中指出："发明千千万，起点是一问。禽兽不如人，过在不会问。"中学生不是发明创造者，但学习起点同样是一问。须牢记：善问者在学习中能操胜券，善问者"智"。

要善于梳理

四川省泸县薛屈敏同学、浙江省玉环县王芳同学来信说学习好累好累，上课有时是丧失兴趣的催化剂，单调乏味，有时很想把课上好，但老师讲得很多，听起来如一团乱麻，理不出头绪，为此，十分焦急，请求指点。

同学们的心情我能够理解，要知道：在我们国家，班级教学是学校培养学生的主渠道，学生在学校学习，主要是在课堂中度过的，因此，课上得好不好，有没有比较好的效果，不仅影响学习成绩的高低，更重要的是影响学生能否打下思想道德素质和科学文化素质的扎实而良好的基础，能否有潜力，将来在所从事的各项事业中发挥聪明才智，有所发明，有所创造。正因为如此，每个学生都要上好每一堂课。

教学是科学，也是艺术。听课也有许多学问。一节课45分钟，对每个同学来说，都是公平的，但听课效率大相径庭，有的收效极佳，有的收效极微。究其原因，态度是否认真，是否全神贯注、专心致志，当然重要，但方法是否科学，也至关紧要。

听课时，把自己置于被动的容器地位是最不可取的。学生是学习的主体，教师的教对学生来说，都是外部原因，是启发、引导、点拨、开窍，学得好不好主要靠自己的内部原因，那就是要不要学，主不主动学，学习得不得法。师傅领进门，修行在个人，学不学得好，关键在自己，再好的教师也无法代替自己学习。明确自己是学习的主体、学习的主人这一点十分重要。明确了这点,就能从根本上摆脱被动的状态,就能充分发挥主观能动性。

上课要聚精会神,善于抓要点。教师讲述的内容:有的是这一课的核心问题,例如某个概念、某一定理或定律,学理科的要一字不漏地入耳入心;有的是属于阐释性的语言,只要自己能理解,一般性地听懂了就行;至于推理的步骤,只要抓住要领,思维走势符合逻辑,跟着教师一步步推,弄清道理,掌握结论就行,不必教师讲的每一句话都要记住。来信说听课很累,上45分钟课不如看10分钟《东方时空》,就在于上课时不分主次、不分巨细,一股脑儿混杂在一起的缘故。至于电视节目《东方时空》有趣,那是另一个问题。课堂学习是正儿八经求知,需要的是艰苦的脑力劳动;看电视是在娱乐中求知,休闲中开阔视野,性质不一样。学生时代的求学,电视中的任何节目、任何栏目无法代替。

上课脑子里要纲是纲、目是目,一清如水,千万不能混混沌沌,乱麻一团。要做到这点,须积极开动脑筋,善于梳理教师讲授的内容。要锻炼自己边听边记边筛选边储存的能力。教师重点讲解的地方要扼要地做笔记,或在书上做记号;重复的、无关紧要的,毫不可惜地筛选掉;十分重要的要储存在脑子里,课上来不及记住的课后复习巩固,做到经久不忘。上课的过程应该是去粗取精的过程,抓住最精要之处,提纲挈领梳理清楚。有时只需记几条,甚至只需记几个关键的词,由于自己动过脑筋,确实深入思考过,因此,一看到这些提示性的语言,相关的学习内容就会涌入脑海。

课要上得有效果,课前预习很重要。不打无准备的仗,自己预习一下,虽不深入琢磨,但毕竟心中有底,听课时就能有重点,已经懂的不必多花精力,不理解的地方仔细听讲,多用心思,就能事半而功倍,对教师讲授的内容梳理起来更能得心应手。兴趣来自旺盛的求知欲,如果教师教的自己确实理解了,可以发挥主动性,进一步探索,比如,这一篇课文如果自己学,还有哪些可补充或扩展的,从什么角度切入,更可节约学习时间,由此及彼,还可联想到哪些知识,哪些文章,等等。学海无涯,只要自己想学肯学,动脑筋学,课堂上就会有无穷的乐趣。我教课时,经常有学生提这样那样的问题,促进我深入思考,促使教学往纵深发展,而学生也就在质疑、析疑、解疑的过程中兴味盎然,爆发出智慧的火花。

教师教得好,学生受益匪浅;教得不够理想,学生发挥主观能动性,从另一方面来说,可能培养出更强的自学能力。这两位同学只要做学习的主人,方法正确,定能学有成效。

尺水也可有波澜

山东省定陶二中高二(4)班马丽同学来信说,自己是住校生,每天三点一线,过着一学再学的学习生活,日子平淡如水,无一点波澜,无一点色彩,太单调了,和年龄太不相称,为此,十分苦恼。盼望丰富多彩的生活,盼望青春年少之时能焕发活力。

这位同学的想法可以理解,憧憬生活丰富多彩,希望焕发青春活力,更是无可非议。问题在于对生活对学习怎样认识,怎样领悟。

学生在学校当然是以学习为主,学知识、学本领、学做人的道理。学生的衣食由家长负担,无谋生之苦。曲曲折折,坎坎坷坷,生活的艰难,对现在这些丰衣足食的学生不可能有些微的感性认识。《红灯记》中李铁梅提篮叫卖的场景对中学生来说,是戏剧,是历史。那种日子是不平淡的,然而那种不平淡是由血和泪铸成的。现在的学习生活确实是波平浪静;学习求知靠的是细水长流,坚持不懈,不可能风浪大作,波澜壮阔。

求知,心要静,要诚。要学有成效,得耐得住寂寞,得有自制力,识别及抗拒外界光怪陆离的诱惑。上苍对人应该说十分公正,因为每个人只有一个青春。在青春年少之时,应集中精力学习,用中华民族的优秀文化及外来的进步文化哺育自己,使自己成为知书识礼的人,成为有良好道德、有文化教养的人,为将来的发展打下扎实的基础。青春是无价之宝,这个时期,生命力旺盛,思维活跃,吸收外界信息十分灵敏,记忆力特别强,是学习的最佳时期。珍惜这个学习良机,如饥似渴地求知,学本领,终身受益不尽。错过这个良机,让光阴在糊里糊涂中流逝,所造成的损失简直无法弥补。年龄大了,再来补学年轻时应掌握的知识、应具备的能力,往往事倍而功半。这已为无数事实所证明。

学习生活虽是"尺水",但只要认真对待,同样会有涟漪,会有波澜。求知不容易,要真正弄懂一些道理,非下功夫动脑筋不可。比如写作文,背几条写作方法可说是轻而易举,但要化为自己的能力,拿起笔来得心应手,就得仔细琢磨,不断实践,并善于从正反两个方面总结经验教训,把理论上的说法化为自己真切的感受。拿观察来说,锻炼自己的眼力、敏锐力,就会有无穷的乐趣。如观察要多角度,正面看,侧面看,背面看,自上而下看,自下而上看,远看,近看……对准同一景物、同一人物观察,可发现许多别人难以发现的微妙,会联想到很多画面,很多比喻,会领悟到"横看成岭侧成峰"名句的佳妙。这样去学习,脑海里不断有美丽的浪花,大千世界的色彩会在心中留下痕迹。

在学习过程中会碰到种种难题,要攻克它们,就要动脑筋,想办法。从设计到施工,到寻找突破口,到攻下城池,乃至扩大战果,整个流程中,必然是几多辛苦、几多苦恼、几多欢乐,尺水中必然有不少波澜。只要勤于思考,勇于攻克难关,取得胜利的乐趣会给生活增添瑰丽的色彩。

学习生活不仅是和书本打交道,而且要和人打交道。和人打交道,就不可能平淡如水。比如和同学相处,如何摆正自己在集体中的位置,如何向别人学习;别人触犯你,你懂得怎样宽容;和别人发生矛盾,如何严以责己,妥善处理;同学之间发生矛盾、发生纠纷,怎样调解;怎样热情帮助学习困难的同学,使他增强自信心,掌握有效的学习方法;怎样维护集体的荣誉……凡此种种,不可能清如水,明如镜,总有这样那样的小矛盾、小摩擦,浪花扬起又平息,再扬起再平息,在前进中逐步懂得了做人的道理,锻炼了认识生活的能力,增长了为人处世的才干。如果把自己封闭起来,不与集体融成一片,那就谈不上尊敬师长,友爱同学,当然也就不可能尝到生活多彩的滋味。

青春散发光彩,不能寄希望于海市蜃楼,而是勤奋学习,扎扎实实长知识、长觉悟、长身体、长本领,在学习岗位作出优异成绩。年轻时吸收孕育,将来就花繁叶茂,果实累累。

兴趣的秘诀何在

宁夏银川第二中学张晓莺同学、山东省临朐第五中学丁建刚同学来信说，自己虽知道学习兴趣在学习中的重要性，也知道孔子说的"知之者不如好之者，好之者不如乐之者"，但就是培养不出浓厚的学习兴趣，常常感到学习很苦，远没有听音乐、看小说那样有乐趣。因为是为完成任务而学，为考试而学，更是兴趣全无，有时上课脑子里细胞活跃极了，眼看密密麻麻的铅字，心早已飞到九霄云外。询问：培养学习兴趣的秘诀何在？

这两名同学认识到学习要有成效，需要有浓厚的学习兴趣，这是对的。兴趣是学习内驱的动力，有了这个动力，就会产生强烈的求知欲望，就会有克服困难一往无前的精神。有人说，天才就是强烈的兴趣和顽强的入迷。兴趣极浓，进而入迷，迷恋上所学的对象，身心沉浸其中，有什么学不会，又怎么可能不取得成功呢？难怪著名物理学家杨振宁先生说，成功的真正秘诀是兴趣。生物学家达尔文就是有力的一个明证。他在自传中曾这样说："就我记得我在学校时期的性格来说，其中对我后来发生影响的，就是我有了强烈而多样的兴趣，沉溺于自己感兴趣的东西，深喜了解任何复杂的问题和事物。"

要培养浓厚的兴趣，沉溺于学习各科知识的兴趣之中，对这两名同学来说，对不少同学来说，秘诀之一是放下沉重的思想包袱。求知本身就是一种极大的乐趣，不管是自然学科，还是人文学科，只要步入其中，就会有所发现,令你赞叹,令你惊奇。因为,自然界的万物,它们的关系和相互联系,运动和变化,人的思想,以及人所创造的一切物质文明和精神文明,都是兴趣取之不竭的源泉。要成为有用的人,有教养的人,就必须有学习的饥渴。考试,不过是检测学习情况的一种手段,背负着这个沉重的"十字架"去学,当然会出现心戚戚、胆颤颤的现象,兴趣远离而去。放下这个包袱,主动求知,积极探索,兴味盎然地学,效果必佳,考试也难不倒。

　　秘诀之二是积极开动脑筋,寻求知识的奥秘。浅尝辄止不可能体验到求知的欢乐。兴趣的源泉藏在深处,须努力挖掘。例如:歌德的《GINKGO BILOBA》(《歌德抒情诗选》的译者译成《二裂叶银杏》):

> 从东方移到我园中的
> 这棵树木的叶子,
> 含有一种神秘的意义,
> 使识者感到欣喜。
>
> 它是一个生命的本体,
> 在自己内部分离?
> 还是两者相互间选择,
> 被人看成为一体?
>
> 我发现了真正的含义,
> 这样回答很恰当;
> 他岂没有从我的诗里,
> 感到我是一,又成双?

高大庄严的银杏树散落下来的树叶,常被人捡起来夹在书里做书签。可在诗人的这首诗里却充满了深沉的哲理。为何银杏叶是这样的形状?是一个生命的本体,在自己内部分离,还是两者相互间选择,被人看成为一体?诗人看起来都是,感到"我是一,又成双"。再深入一步探讨,会发现歌德喜欢读中国书,与人谈话中谈到自己对中国文学的看法(见朱光潜译《歌德谈话录》)。他对中国有感情,曾把我国银杏树移植到德国,今天德国魏玛市图书馆旁的一棵参天银杏树,据说就是歌德移植去的。

秘诀之三是运用知识,形成能力,把知识变成了力量,变成了使人崇高起来的力量。学习,求知,贵在运用。高中物理学科学电学,懂得了交流电、直流电的原理,教室里电灯坏了,查查线路,看看保险丝是否烧断,寻找原因,动手修理。把知识运用于实际,解决实际问题,这也是兴趣的源泉。理论上懂了不等于实际上会操作,操作过程中有许多细节必须认识,必须掌握。通过操作,既验证学过的知识,又使学过的知识得到巩固。比如在阅读课上学到的写作知识,要运用到自己的写作中,绝非易事,要动脑筋反复琢磨,反复实践,才会见到成效。像作品中人物出场问题,《记念刘和珍君》是让人物在事件的概述中出现,《祝福》让人物在自身对比中出现,《故乡》中的杨二嫂在语言、声音中出现。你要把这些知识用于写作,须梳理、探究、选择、加工。总而言之,动脑筋就趣味无穷。

培养兴趣的秘诀在自己身上,这两位同学不妨认真试一试。

绝　招

陕西省富平县美原中学高一(4)班刘满龙同学和山东省曹县第三中学高二(6)班尹启蕊同学来信说,自己对学习是有兴趣的,也花了不少时间,比如学语文,也查字典,练习分析课文,但成绩仍不理想,询问学习有没有绝招。

什么叫绝招？人们常想到的是绝技。例如微雕,一根头发丝上能刻多少字,一般人做不到,这是绝技。这两名同学所问的绝招大概是指一般人想象不到的手段、计策、方法。也就是说,学习上一旦掌握了这个绝招,就能事半功倍,学习成绩蒸蒸日上。

为了解答这个问题,先说一个故事。

古时集市上有一个卖消灭臭虫方子的人,高声叫卖,宣称他的方子很灵验,能把臭虫一举消灭光。有个过路的人,他家正被臭虫骚扰日夜不得安宁,听到这番话高兴极了,立刻去买方子。卖方子的递过一个纸包,对顾客说:"妙方就包在里面,但必须回到家里方能打开；如果在路上打开偷看,方子就不灵了。"买方子的人买到"妙方",兴冲冲地往家跑,一到家,打开纸包一看,原来方子上写的是两个字:勤捉。

这是一则笑话。初听,认为卖方子的是骗子,买方子的上了大当；细想,觉得其中蕴含着一定道理：勤捉不失为消灭臭虫的一种好方法。更有甚者,它启示我们：要做成一件事,"勤"字不可少。

学习要有成效,必须"勤"字当先。懒于思索,懒于动口动笔,不可能有效地吸收大量的知识，也不可能锻炼出分析问题、解决问题的能力和自学的能力。比如学语文，多读多写是行之有效的方法。"读书破万卷，下笔如有神"可算作是无数学习祖国语文正反面经验的生动总结。读，不是浅尝辄止，有量的问题，有质的问题。"万卷"言数量之多，学语文只限于读几本教科书，视野必然狭窄，形不成良好的语感，因而应广为涉猎，特别是阅读中外优秀读物，增长知识，增长见识，受生动而优美的语言的熏陶。"破"不能简单地理解为把书读破，其中有质量的问题。量不等于质，读得多不等于质量高。要爱读，会读，读得有效果。为读而读，有口无心，就流于形式，很难有实效。对精品、佳作，阅读时要咀嚼文字，体会作者精辟的见解、深邃的思想，剖析文章谋篇布局的匠心，并吸取精华储存在自己的脑中。吸收得多，积累得多，仓廪充实，下笔作文当然如清泉般汩汩流淌。要在读书的质和量上下功夫，当然要勤字当先，勤快，勤奋，勤恳。

"勤"是学习中一个绝招，然而仅局限于此，还远远不够。学必须"思"。学任何一门功课，积极开动脑筋最为重要。现在学习各门功课，尤其是学语文、数学、外语、物理、化学，尤其是毕业班，简直就是泡在各种类型练习的汪洋大海之中。尽管在不同学校有不同情况，各学科之间也有轻重之分，但题海战术几乎是笼罩教育阵地。学习变成完成作业，完成各种题型的练习，学习成了备战备考的活动，主动积极地思考问题，质疑问难比较罕见。这种消极、被动应付学习的局面不改变，难以学到切实的科学文化知识，更难以具备真正的独立分析问题、解决问题的能力。

"学而不思则罔，思而不学则殆"，这是至理名言。对一名学生来说，尤其是跨世纪的学生来说，培养和具备独立思考的能力至为关键。学任何一门功课，都要牢记自己不是被承受的容器，而是能积极思维、会分析判断、有主观能动性的学习的主人。比如听课，就不一定是照单全收。能一听就懂的可少花气力,而疑难之处要多思考、多推敲,对有些结论自己经过深思熟虑有不同看法,完全可以提出来进行探讨。总之,学习不能盲从,对自己学习的情况要善于分析,哪些懂,哪些不懂,哪些掌握,哪些不掌握,要一清二楚。知己知彼,百战不殆,最可怕的是稀里糊涂学,掌握的不掌握的搅和在一起,平均使用力量,事倍功半。

"思"是学习的可贵品质。学语文如果不动脑筋,不积极思考,读,就会有口无心;看,就会视而不见;听,就会充耳不闻或浮光掠影;写,就会漫不经心。反之,积极思考,主动学习,语言文字伴随着思想、情操、文化流入心中,日积月累,能力会明显提高。

学习本无绝招,如果说有,"勤""思"不可少。至于说某个学科某种行之有效的方法,这里就不赘述了。

要珍惜每个 45 分钟

河南省平舆县第二高级中学三(1)班马彦超同学、山东省昌乐一中赵学美同学来信说,从初中时代起就知道学好语文的重要,很想学好语文,但总是效果不理想,尤其是上课,效率不高,有时心神不定,有时不知不觉走了神,尽管眼睛看着书本,实际上一无所获,为此十分着急,希望"有药可救",得到帮助。

每节语文课 45 分钟,对每位同学来说,时间公正,不偏不倚。可是由于学习主人学习的主动性和积极性的差异,学习效率会大相径庭。这两位同学提出了一个很重要的问题,值得探讨研究。学生在学校的绝大部分时间在课堂中度过,如果每节课都讲究学习效率,都能扎扎实实学到知识,训练能力,那么,学习质量就会大大提高。其实,提高每节课的学习效率也并非难事,重要的要做到以下几点。

首先,明确自己是学习的主人。俗话说,师傅领进门,修行在个人。上课教师教,讲述、演示等,都是外因,能不能把知识、能力学到手,靠自身的努力,任何一名优秀的教师都不能代替自己学习。正如教练员与运动员一样,教练员只是从某些或某个运动员的实际情况出发,按照训练规划与要求,点拨、启发、开窍、示范,而艰苦训练靠运动员自己坚持不懈地努力。树立"学习主人"的观念,就从"要我学"的被动境地走出来,掌握了"我要学"的主动权。

其次,不打无准备的仗。上课前对要学的课文粗略地读一读,了解大概,疑难之处做上记号,或查查工具书。这样做的好处在听课时能有的放矢,不漫无边际。由于有了预习的基础,对教师重点讲述或同学重点讨论的问题,容易理解,容易记住。可能大部分同学会提出异议:作业已经忙得够呛,课前哪来得及看书?须知,磨刀不误砍柴工。刀磨锋利,砍柴速度就大大加快。有准备地学,目的性加强,盲目性减少,学习进入良性循环轨道,效率就会明显提高。

关键在自己要积极开动脑筋。被动地听教师讲,自己仅是承受的容器,听到精彩处可能全神贯注,否则就走神,注意力涣散。教师上课不是表演,不是说书,是传授知识,引导学生学习,组织学生进行能力训练,不可能句句锦绣,像戏剧一样高潮迭起。要紧的是自己积极思维,动脑,动口,动手。也就是要充分调动自己的感觉器官和思维器官。课上要抓紧时间阅读,用眼默读,开口朗读,用笔圈点勾画,或记下要点。不管是听、读、还是说、写,都要用心思考。语言文字是最重要的交际工具,最重要的文化载体,不主动积极地学,不开动脑筋思考,就体会不到遣词造句的表现力,体会不到文章内在的奥妙。把握住课堂中有限的时间进行语言和思维的训练,收效必然明显。

积极开动脑筋就容易发现问题,课文的内容,课文的词句篇章、写作技巧,经过阅读深思,就会提出不少值得探讨的问题,先自己提问自己解答,自己解答不了,再请教师或同学解答,这样,学习就往纵深发展,学得深刻,经久不忘。积极开动脑筋还表现在对某些问题有自己的看法,自己的见解。比如分析问题时,教师作某种解释,自己经独立思考独立分析,有不同或不完全相同的看法,那就应该作一番比较,然后择善而从。讨论问题时,同学发表意见,自己同样可对照,分析优点分析不足。这样有意识地进行锻炼,理解与运用语言的能力、分析问题与解决问题的能力就能切切实实获得提高。上课积极开动脑筋,越学越能品尝到求知的欢乐,走神也就自然地离你而去。

当然，上课时要排除杂念的干扰。如来信中所说，一会儿是女友的信，一会儿是女友的电话，那可不行。学习贵在专心致志。要专心致志，就须有意志力。人无意志，往往做不成事。所谓意志，简单点说就是"提得起，放得下"。德国诗人歌德把这叫作"断念"。他在生活的重要关头经一次断念，生活就进入一个新境界。我们必须学会时时勉强自己去做自己虽不喜欢但一定要做的事，以经常锻炼自己的意志。课堂上排除一切干扰，专心致志听讲，思考问题，正是自控能力的锻炼和意志的培养。这一关突破，课堂学习效率必会踏上新台阶。

时不我待，要珍惜每个45分钟。

分清主次,正确取舍

辽宁省丹东一中蔡景霞同学、四川省成都市 65 中郑月敏同学说,原本有清晰的奋斗目标,爱好语文,爱好外语,但每天在书山题海中摸爬滚打,出现了"记性不强忘性强"的情况,越学越没劲,自己成了汪洋大海中的一条船,不知被风浪推向何方,感到很迷惘,希望指点迷津。

对学生来说,"书山"是客观存在。学生要求知,使自己成为思想道德素质良好、有科学文化素养的人,非读书不可。从书中吸取知识养料,变无知为有知,变知之甚少到知之较多。好的书籍是最贵重的珍宝,当然要读,要多读。对当今学生来说,习题如海洋,所耗费的时间与精力大概超过以往任何时候。必要的各学科的练习题是应该做也必须做的,怎样在其中摸爬滚打,做出成效,确实值得研究。

在书山题海中摸爬滚打,要学会处理好几对关系。

主动与被动的关系。攀登书山需要发挥主观能动性,有求知的渴望,读书就能入目入心。生活中我们常有这样一种感觉:同样一盆炒菜,有时觉得十分普通,有时又觉得十分可口。炒菜本身并无质量高下的大区别,区别在吃的人是否饥饿,是否需要,是否有食欲。饥饿就是需要。读书就要有这种饥渴感,饥渴感越强,越能体味到其中的甘甜。就这一点来说,高尔基曾经打了一个非常生动的比喻,他说:"我扑在书籍上,像饥饿的人扑在面包上一样。"一个"扑"字用得绝妙,把全身心地投入勾画了出来。被动学习就是另外一种情况,做一天和尚撞一天钟,兴味索然。正因为如此,学习时常常会视而不见,听而不闻,前学后忘。

从来信看,两位同学学习都比较努力,比较主动。如主动将汉语与英语比较,发现汉语中许多词汇在英语中只是一个单词或短语,等等。这些都是主动学习的表现,应该受到赞扬。问题在当学习未能立竿见影时,转向了,怀疑自己的学习,对某学科的学习兴趣骤减,一下子陷入被动之中。学习需要积累,一步步扎实地往前走,总会有成效,要做到这一点,主动性不可丢。

主要与次要的关系。学习最忌胡子眉毛一把抓,最忌平均使用力量。"摸爬滚打"的种种动作要有明确的目的,不是碰到什么学科,碰到什么习题,一哄用上。高中所学的各学科的知识都是打基础的,但所处的地位并不是在一条起跑线上;就一个学科自身的内容来说,各章各节,其重要性也不是在一个平面上。攀登书山要在抓住主干上下功夫,精要之处牢牢把握,在脑子里留下深深的痕迹。来信中说到阅读散文觉得通篇都好,因而无法摘抄,正是没有把握精要的表现。任何一篇文章不可能字字珠玑,总有最主要的部分,最精彩的语言,阅读时善于分清主次,重点吸收,效果就佳。什么都花同样的力气,枝枝叶叶披盖,视线不清,脑子里往往会塞满凌乱的散装的一大堆概念、定理、定律,乱无头绪,主次混杂。要读有效果,主次一定要分明。

取与舍的关系。读书也好,学习也好,从来不应照单全收。学习是主动吸取,书上讲述的知识已经掌握,就不必再花许多功夫。这个"舍",不是舍弃这些知识,而是在理解了的基础上放一放,不必与还未理解还未掌握的知识花同样的精力。还有一种"舍"是舍弃。连篇累牍似是而非的一些习题,除搅乱思维消磨青春外,有百害而无一利。能力要靠训练,练习题是训练的一种形式,一种途径。由于高考指挥棒的作用,各种应试练习题充斥市场,鱼龙混杂,泥沙俱下,因而,要有辨别能力,选取优质的进行训练,舍弃那些假冒伪劣的骗人"产品",要有勇气,要有胆量。

综上所说,学习的主动权掌握在学生自己手中,既要攀书山,游题海,又要跳出书山,跳出题海,根据自己的学习实际,分清主次,决定取舍,把好前进的舵。认准前进的方向,就能消除迷惘。

不能偏食

辽宁省大连市 103 中学高一（4）班于丽爽和广东省阳春市第二中学高二（4）班王进星同学来信说，原本在初中学习时文理两科携手并进，如今是马齿徒增，如斜面上的小球，理科成绩一落千丈。看到数理课就厌烦，最好都上语文课。询问：高中能不能偏科？数学课已经成了自己的"天敌"之一，学无兴趣，索性少花点力气行不行？

中学教育是基础教育，是一个人思想道德和科学文化打基础的阶段。基础越打得宽，打得扎实，就越有潜力，越有后劲，将来就能在事业上有所发展，乃至做出重大贡献。道理并不深奥，就好像盖房子一样，基础打得越宽越深，楼层盖得越高。中学的课程设置是根据培养学生德智体全面发展，成为社会主义祖国建设者和接班人的要求来安排的，除了强调做人的思想道德素质外，十分重要的是培养学生具有一定的科学文化知识和相应的能力。学校里开设的各门学科都是打基础的课程，学生都应该学，并要十分投入地努力学好。因此，过早地偏科，学这门课，不认真学那门课，对打基础是很不利的。

从经济建设和社会发展来看，各行各业都需要科学文化素质好的人。所谓素质好，不仅要掌握某些知识、某些能力，而且知识面比较宽，适应环境、适应工作的能力比较强。比如，从事文字工作的人，他的数学底子好，对统计数字的反应就比较迅速，比较敏感，工作就容易得心应手。又如，从事商业工作的人，对物理学的原理掌握得较好，熟悉种种电器就方便得多。科技飞速进步,时代向前发展,作为现代人,作为跨世纪的建设者,数理化生的有关知识非具备不可。有人说,21世纪的文盲不是不识字的人,而是对科学一无所知的人。因此,从一名社会的人来看,也不能重文轻理,看到数理学科就厌烦。

从世界潮流看,许多发达国家都很重视让学生打基础。高中毕业生考入大学后仍然着重学基础课,有的到高年级才分系科、分专业。因为现代科学技术的发展,出现了许多边缘学科、交叉学科,要求学习的人知识面要宽,渗透力要强。学的内容狭窄,孤陋寡闻,就很难登上现代科学知识的大厦。从这个意义上说,我们中学生更不能偏科。

偏科对打好基础不利,但不等于说学生不应该有兴趣爱好。我们历来提倡学生要有兴趣爱好,包括对某些学科的学习,提倡发展个性,发展特长。有些学生爱好文学,对美文佳作的阅读乐而忘返,对古今中外的文学大师、文学名著充满崇敬之情,自己也能动手写写,以文字传情达意,这是很好的,应该鼓励,应该提供条件,多加指导。但如果因爱好文学而荒废其他学科的学业,那就不行了。如前所说,社会需要我们打好基础;再说,我国的中考、高考制度是对主要学科进行全面考核,如果荒废一两门学科,就失去了继续深造的机会,日后会悔恨莫及。

学好文科与理科的课程,不仅是打知识基础,而且对发展智力很有帮助。语文在形象思维、想象力培养方面有其独特的作用,而数学在培养青年学生逻辑思维方面更有其不能替代的作用。思维清晰,思维有序,将来做任何工作都会深受其益。中学学习阶段,应该有兴趣爱好,可以对某些学科特别有感情。除学好必修的课以外,可选择志趣相投的选修课,发展兴趣,发展特长,但是不能偏食,不能保这丢那,在文化基础上造成残缺。

须明白:兴趣是可以培养的,多几分耕耘,必多几分收获。相信这两位同学在懂得道理的情况下多给数理几分爱,就会有可喜的进展。

要善于抓点拎线

湖北省宜昌市葛洲坝六中常倩同学、山东省肥城矿务局第一中学马华同学、黑龙江省大庆市让胡路区大庆中学宁宝玲同学来信说,语文复习实在是难题。粗看,没什么可复习的,细看,又好像有复习不完的东西,脑子里乱麻一把。有的同学很"刻苦",考试前几天,一边翻书,一边背诵,一边写到草稿本上,时间花得很多,以求得良好成绩,可是往往事与愿违,很丧气,询问语文复习有没有好方法。

学习任何一门学科都需要使所学的知识得到巩固,并使有些知识转化为能力,因此,在学习进程中要注意复习学过的知识,力求巩固,力求学得扎实,而且要努力做到温故而知新,在复习旧知时能有新的认识、新的体会、新的发现。每门功课的复习有共性,也有不同的特点,把握各自的特点,往往能取得较为理想的效果。

语文与数学不同,后者逻辑推理很强,牢记某些定理、公式、进行严密的推理,既掌握数学知识,又形成解题能力。语文不一样,课本是数十篇选文组成,语文知识散布在一篇篇文章之中,复习时常会感到无从入手。学语文,重积累。平时视而不见,浮光掠影,复习时就会寸步难行。

复习,要注意总体把握。一册书有几个单元,每个单元要达到怎样的目的要求,心中要有底。平时学习,每个单元注意复习,注意小结,总复习时,这一步就十分简单。把书翻一翻,脑中有清晰的框架就行。如果平时学得不清楚,可以一个单元一个单元进行复习,在逐一掌握的基础上形成总体框架。

复习,要善于抓点。这个"点"有几层意思。一是指课本中的重点、难点,必须牢固掌握的;一是指自己学习中特别感到困难的地方,需要用气力攻克的。比如说复习《明湖居听书》,这本是一篇自读课文,但文中正面描写和侧面描写相结合的方法,"通感"修辞手法的具体运用是必须掌握的知识点,复习时可认真加以推敲。小说节选部分前半截着力用侧面描写,后半截正面描写白妞的绝唱。正由于戏园里的盛况,琴师抑扬顿挫、入耳动听的演奏,黑妞非同凡响的演唱这些侧面描写作了有声有色的衬托,给白妞的出场渲染气氛,形成悬念。特别是观众对白妞、黑妞的一番议论,更是紧锣密鼓,引得人不睹不快。侧面描写之妙如复习到此,已能初步掌握,但如停留在这一点上,正面描写、侧面描写的结合还是粗线条的,如在阅读课文下半截时,再深入一下,掌握得就更为细致、全面了。写白妞的出场,正面描写她的气质、摆弄乐器的绝技和与众不同的眼睛。正工笔细描眼睛时,忙里偷闲写几笔观众,如"连那坐在远近墙角子里的人,都觉得看见我了",又如"就这一眼,满园子里便鸦雀无声,比皇帝出来还要静悄得多呢,连一根针掉在地下都听得见响"。紧扣主人公的眼睛,从正面写,从侧面写,结合得天衣无缝。体会到其中妙处,复习就有效果。

又如,有关"通感"的语句比较多,不易记住,可用线条作辅助。白妞的绝唱如登泰山,按照文中的描写,用线条表示,怎样登三四叠,怎样陡然一落,怎样在半山腰里盘旋穿插,又怎样无声后有一点声音从地底下发出,又怎样扬起,纵横散乱。这样复习,不仅借助登山的实体形象体会声音的美妙,理解通感的妙用,而且印象深刻,难以忘怀。

复习,要善于拎线。课本单元教学要点一览表就是极好的依据。其中有本册课本读、写、听、说训练的具体要求,有阅读文言文的要求,复习时，把这些内容列出若干条线，而每一条线又是由若干个知识点连缀而成。比如复习小说单元，可把凡是小说的课文汇总在一起阅读思考，抓住小说的几个要素，结合课文的阅读剖析，理解典型环境典型人物的塑造，理解故事情节的种种安排，理解人物描写的种种方法，理解主题的开掘与意义。中外不同时代背景、不同风格的小说可以进行比较，通过比较异同，深入领悟和掌握小说的共性，又把握各自的特点，品尝到作者的创作风格。重要的段落，精彩的笔墨，可熟读成诵，储存在记忆中。又如写作能力的训练，同样可连点成线进行复习。如写议论文，训练论证的方法，可与复习议论文单元结合起来，弄清须掌握哪些方法，范文中是怎样运用的。懂得了引证、喻证、例证、对比、引申等种种论证方法，自己命题，脑中搭种种框架，也就达到了复习的目的。

有些基础知识必须记住，同样也可拉条线，做到有条不紊。比如背文学知识、作家作品，可以时间先后拉条线，还可根据各人记忆的特点加深印象。总之，复习是进一步熟悉和占有语言材料，把原来零星学得的知识条理化、系统化，达到巩固的目的。已经掌握的不必花费时间，精力要花在似懂非懂之处，没有必要通篇抄。

抓住记忆的支撑点

新疆喀什四十一团中学高二年级黄新义同学、山东夏津第四中学高一年级段晋水同学来信说，学习中需要记忆，不论是数理化学科，还是语文学科，都有需要记忆的内容，比如有些文言文要背诵，由于专记文章中的哪一行在第几页，忘记了这个"方位"，考题就答不出，询问：是不是自己的记忆力衰退了，还是背诵不得法。

学习需要积累，青春年少之时正是记忆力旺盛的时期，背诵一点名诗佳作，记住一些基本知识、基本理论，一辈子受用不尽。当然，记忆力有强弱之别，有的人能过目不忘，有的前学后忘，脑子里留下的仅是一鳞半爪的印象。原因是多方面的，比如学习不专心，手拿着书，心在天外遨游，该记的必然记不住，但掌不掌握记忆的技巧也是重要的原因之一。记忆应建立在科学的基础上，如果把所接触到的知识不加分析地硬往脑子里塞，不仅记忆的效果差，而且把脑子搅得混乱一片。

按照俄国生理学家巴甫洛夫的高级神经活动学说的观点，记忆是人的大脑皮层上暂时神经联系的形成巩固和恢复的过程。他认为，人们感知事物或思考问题，都会在大脑皮层中形成某些兴奋点，各个兴奋点有神经通路彼此联系，事过以后，这些兴奋点和神经通路便以"痕迹"的方式留在大脑皮层中。在某种刺激物的影响下，它们又会重新呈现。很显然，要记住某些知识，背诵某些定理、定律，要注意形成兴奋点，要注意在各个兴奋点之间接通思路。

理解是记忆的基础,在理解的基础上进行识记比不理解内容只机械重复许多次的效率要高好几倍。比如背诵某个定理、定律,先要弄清楚它的来龙去脉,是怎么推导出来的。出发点是什么,推导过程怎样,结论如何,脑子里一清如水,一下子就记住了。背诵课文也一样,感到困难的同学往往是机械重复,虽然读了一遍又一遍,但在记忆过程中不注意渗透积极的思维活动,故常常是事倍而功半,花费许多时间读,记忆的效果并不佳。应该是咀嚼词句的含义,弄清文章的来龙去脉,选准记忆的支撑点,张开网络,可以提高背诵的效果。

具体地说,要背诵一篇课文,第一步先梳理文章的大骨架,做到轮廓在胸。比如,文章分几个部分,每个部分说了些什么,各个部分之间是怎样联系,怎样发展的,要有个总体把握。第二步,理清小线条。比如某个部分内容比较多,容易前后混淆,那就要把握叙说或议论的"序",先说什么,后说什么,脑子里线条清晰,记起来就方便。第三步,抓关键词语。有些较长的句子,弄懂含义后,抓住关键词语,作为记忆的支撑点,就能迅速背诵出这个句子。总之,要背诵一篇文章,须在脑子里构成一幅有许多记忆支撑点构成的网络图。图的全貌怎样,有哪几条粗线,哪几条细线,在每条线上有哪些支撑点,点与点之间是怎样联系、接通的。掌握了这些要领,兴奋点牢固,再长的课文背起来难度也会减低。

不在理解课文上下功夫,不深入探讨记忆的支撑点,只在书的第几页第几行固定位置,就失去了背诵课文的意义,如果记忆的线一断裂,什么也想不起来就不足为怪了。

抓住记忆的支撑点,可以帮助记忆,帮助背诵,但要记得牢固,还得有一定数量的重复学习。"熟读成诵",说明多次读的重要。我国著名桥梁专家茅以升的记忆力很惊人,他在古稀之年,还能背出圆周率小数点以下一百位精确数值。人们问他是怎样记住的,他说:"说起来也很简单。重复！重复！再重复！"人会遗忘。遗忘很重要,也很必要,如果看过的、听过的外界事物、外界信息都记住,脑子里岂不乱七八糟?怎么负担得了。该遗忘的要遗忘,该记住的要记住,需要记住的就必须和遗忘做斗争。有计划地对该记住的加以重复,大脑皮层的痕迹就会逐渐加深,记忆就会得到加强。"拳不离手,曲不离口,每天练一遍,胜过突击练十遍",说的就是这个道理。

记忆、背诵的方法,除了上述的之外,每位同学可以自我创造。从自己的实际情况出发,不断总结经验,就会创造出费时少、效果佳的好方法。

学得高效,玩得快乐

天津市蓟县一中孔雪梅同学、浙江省富阳市二中某同学(嘱我不写姓名)来信说,许多同学,包括自己在内,老老实实,勤勤恳恳,一头扎进书堆里,舍不得玩,也不会玩,结果是越学越糟,成绩不断下降;相反,有些同学贪玩爱玩,学习上本名不见经传的,一下子却冲了上来,既玩得痛快,又学得开心,不像自己在苦海中浮沉。他们询问:"会玩的才是真正会学的"这个"公式"成不成立?自己在学得气都透不过来的情况下还能玩吗?希望得到解答。

在排山倒海似的各类训练题的重压下,同学们提出这样的问题是在迷茫中寻求一条正确的充满希望的学习之路,心情是可以理解的。游戏是儿童的天性,青少年和玩也是结下不解之缘的。凡学过英语的同学大概都会背诵这样一首小诗:

> Work while you work,
> Play while you play;
> To be useful and happy,
> That is the way!

工作时工作,游玩时游玩,快乐又高效,这才是正道。工作与游玩的关系该如此处理,学习与游玩又何尝不是这样呢?

学生的主要任务是学习，但学习不是生活的全部。一个人不能24小时都学习，要吃饭、要睡觉、要活动、要休息。一个会学习的学生必然是会科学安排生活、科学安排时间的人。学习时必须用心专一，充分利用时间，提高学习效率。诺贝尔奖金获得者雷曼说得好："每天不浪费或不虚度或不空抛剩余的那一点点时间，即便只有五六分钟，果得正用，也一样可以有很大的成就。"整块的、大块的读书时间当然更不能空抛。人在教室，心在天外遨游，貌似学习，实则浪费时间，这是最不足取，也是最须防止的。

　　会学习的人能专心致志抓效率，学习之余能安排时间游玩。一天如果分三个时间段——上午、中午、晚上的话，应摸索一下自己一天内精力的盛衰情况，精力旺盛时学习高效，精力不充沛时学习效率低，不能硬学，学也塞不进。学习效果最佳时间往往在五个小时左右，超出这个时间，学习效果就下降。不能误认为学习时间越长，学到的东西越多。事实上是学习量达到最适点，学习的效果才最好。为了提高学习效率，人的生理心理都需要调剂，积极休息。玩，当然是首选的方法。

　　玩，不是无目的胡来，而是要有所选择。体育活动就是最好的"玩"，踢足球、打篮球、打排球、打乒乓球等，均应经常结伴，即使不每天碰，一星期也应打它几次。体育活动门类繁多，男女同学可根据自己的体力、爱好加以选择。不管参加哪项体育活动，都对体力、意志、毅力、技巧等方面有所锻炼，对提高灵活性、灵敏度与应变能力均有积极作用。身体是心智的基础，整日正襟危坐不活动，血液流通都会受到影响，怎能增进健康？健康不增进，学习精力怎可能旺盛不衰！

　　玩，就要全身心投入。不能一边玩一边想着训练题，那样脑子还是没得到放松，还是没休息。玩，也是培养自己的兴趣爱好。兴趣爱好广泛的人往往心胸比较宽广，能力比较强。比如唱歌、听音乐、听戏曲、摆弄乐器，就和爱踢球、爱下棋一样，是有益的爱好。中学生爱好音乐，唱得高兴,跳得欢乐,就是极好的游玩。冼星海曾说:音乐,是人生最大的快乐;音乐,是生活中的清泉;音乐,是陶冶性情的熔炉。当你引吭高歌一首首旋律豪迈、歌词优美的歌曲时,你会感受到全身心的愉快,陶醉于其中。

玩要玩得有本领。现在的中学生太不会玩了,整日不是被书束缚了手脚,因为除了教科书,学生课外读的中外名著实在太少了,而是被各种训练题束缚了手脚,缺乏玩的本领。有的中学生课后玩航模、玩船模,把从数学、物理等学科中学到的知识运用到实践中去,做得不好,推倒重来,最终玩出了名堂,不仅制作出高质量的航模、船模,而且在全国比赛中夺魁。

玩的内容很多,只要是健康的,都可选择。对不健康的、有害的,如听靡靡之音等,就要识别、抵制。玩,要有度,"贪"就不行。过多的精力花在"玩"上,不仅不能调节身心,得到休息,而且会影响学习,影响健康。

学校生活,学习第一位,这一点不能动摇。要学习得好,必须善于调节身心,时间巧作安排。玩得好能调节身心,促进学习效率的提高。

选 择

湖北省荆门市沙洋区后港高中学生张才新同学、宁夏盐池一中高中学生叶苹来信说,面临着分班的选择,不知所措。父亲认为应该读理科,自己认为应该读文科,相持不下,很是烦恼。叶苹同学已经读了理科,但自己所长却在语文和英语上,因而,既自卑又自信,十分烦恼。希望能得到指点。

首先要说的是这两位同学字写得端正,漂亮,信也写得通顺,流畅。一名高中生能有这样的基本功,说明较长时间以来,语文学习比较努力,这是值得赞扬的。

关于高中阶段文理分科的问题,如果放眼看世界,一般说,高中是不分科的。现在培养人,讲究有一定的知识覆盖面,有一定的综合能力,即使升入大学,也十分重视基础理论课程的学习,讲究培养通才。当然,每个国家有每个国家的国情,由于升学应试的需要,我国不少中学在高二年级或高三年级开始实行分科教学,以求在某些方面学得多一点、深一点、熟一点,以期在高考中稳操胜券。面对这种状况,选择文科还是选择理科,确实要认真思考,含糊不得。

选择的依据应该是需要与可能。从国家建设需要来说,文科人才、理科人才都需要;从高等学校招生需要来说,既招理、工、医、农等学科生,也招文、史、哲、财经、政法等学科生。应该说,选择文科,选择理科,继续学习,都是有发展、有前途的。关键在自己的可能性。一要清醒地衡量自己的知识基础,能力基础。哪些学科学起来顺手顺心,游刃有余,哪些学科学起来困难比较大,甚至难以攻克,哪些是强项,哪些是弱项,自己排排队,心中要有谱。

二要考虑自己的兴趣爱好。兴趣是学习的先导,对某个学科发生兴趣,发生浓厚的兴趣,就会开动脑筋,积极思维,深入钻研,有所发现。硬要去学自己不喜欢、无兴趣的东西,可说是一种痛苦。不过,为了需要,还是要勉强自己学;学,仍然要从培养兴趣入手。选择学理、学文,个人兴趣爱好是重要的因素。可以这么说,古今中外任何在事业上有成就的人,都是对他所学的所从事的学科、事业有极浓厚的兴趣,孜孜以求,如痴如醉。没有这份感情,没有那么一股无坚不摧的劲儿,是不可能取得卓越成效的。正因为兴趣爱好是极其重要的内驱动力,选择学科时不得不认真考虑。当然,这儿所说的兴趣,不是一时的冲动,而是对某些学科的学习确有体会,初步尝到其中的辛苦与甘甜,有往龙宫取宝的强烈愿望。

对别人的意见、说法要具体分析,对的吸收,偏颇的就不能照单全收。可以用作参考,但主意应该自己拿。特别是一些似是而非的说法,更应该多加剖析。比如,理科容易考,文科难考,理科容易得满分,文科考卷随意性大,难得分。这种说法的毛病首先在于把考试作为选择学科的唯一标准,为考而学,学习目的究竟为什么,已糊涂了。其次是难考、易考绝对化了。其实,对基础扎实、思维敏捷的同学来说,文科也好,理科也好,考试均非难事;如果基础比较差,考什么学科均会感到困难。再从试题来说,任何一门学科都有坡度,都能拉开差距,可能今年某门学科较容易一点,明年另一门学科相对容易一点。抽象化了,绝对化了,就与事实不符。得分问题也说得太绝对,评分中误差是有的,文科理科都在力求避免,但也难以避免。至于满分,在选拔性的考试中更非易事,并不是像说的那样轻松。又如,信中说道,理科是活的,重在理解,能培养思维能力和分析问题的能力,文科是死的,重在记忆,它掌握的知识没有理科掌握得多。这种说法也很值得推敲。首先,理科也好,文科也好,都有须理解的,须记忆积累的。现在有些学生写文章头脑里空空荡荡,原因之一是脑子里积累太少,读过的美文佳作如东流水逝去,未留下痕迹。解数理化题目,有些公式、定理、定律不烂熟于心,也是寸步难行的。其次,学理也好,学文也好,都不能死读书,学而不思则罔,思而不学则殆,学思结合的规律适用于学理,也适用于学文。学文,如果不动脑筋,是不可能领悟其中奥妙、其中精华的。自然万物,社会人文,知识均浩瀚如海洋,很难判断孰多孰少。凡此种种,都不能成为选择学科的依据。

  数理化学科学得好的同学选择文科学习,语文、英语学得出色的同学选择理科学习,更能如虎添翼,发挥优势。冷静思考,从自己的实际出发,就能心情平静,去除烦恼,掌握选择的主动权。总之,选前慎重,一旦选定,就勇往直前,毫不犹豫。

进入高中怎样学语文

河南省许昌市第三中学张小娇同学、安徽省繁昌县一中林冰同学、山东省烟台市牟平四中于文秋同学、湖南省郴州市永兴县第一中学曹俏萍同学来信说,读初中时自己学习有实力,成绩名列前茅,是同学中的佼佼者,常受到家长、老师的表扬与称赞,进入高中以后,学习的味儿变了,过去的辉煌已远离而去,代之以困难,不适应,苦恼,成绩也直线下降,心头阴霾密布,寻求廓清的良方。

从来信的内容和书写情况看,这几位同学在初中学习是认真的,成绩是优秀的。但与此同时,也反映出学习中还有不少问题值得探讨,其中最明显的是学习上的依赖性和对教科书的奉为神灵。

高中生与初中生的学习确实不尽相同。初中各门课程的内容比较浅显,上课认真听讲,课后认真复习,容易掌握。高中课程内容理论色彩加浓,许多问题须经过独立思考,精心分析,才能有所领悟,才能理解、掌握。课堂上这样几种情况须改变:一是照单全收。教师讲什么,黑板上写什么,不停地记录,不停地抄写,什么是要点,哪儿是关键,手忙脚乱,来不及思考,也根本没有想到去积极思考。毛病在自己做被灌输的容器,被动承接,而放弃了学习的主动权。二是断断续续。开始精神振奋,注意力集中,碰到困难处,卡壳了,自己不动脑筋,停顿下来。如有封信中所说,"听25分钟课,另外20分钟大脑一片空白"。有时是教师教得快,许多问题一带而过,自己来不及反应,听课犹如跳跃,断断续续,连不成线,形不成片。毛病仍然是依赖教师的讲,学习主动性未发挥。至于思想开小差,经常想这件事那件事,那是学习态度、自控能力的问题,当然应努力改变。

学生是学习的主人,任何好教师不能代替学生学习,学习的主动性积极性得到发挥,课堂学习效果就大大提高。听课不打无准备之仗。这堂课学什么,课前翻一翻教科书,做到心中有数。"听"和"思"须同时进行。尽管各人听课的方法可以有所不同,但有几点须特别注意:一是脑子里始终要有"为什么"。如为什么教师这样分析?依据何在?能不能换个角度?又如为什么教师这样概括?有无遗漏之处?怎样概括更符合课文实际?更简明扼要?二是有选择地听。难点、关键点,要特别动脑筋,已经理解的可一带而过,不平均使用力量。三是善于抓重点,抓要点,分清主次,千万不能胡子眉毛一把抓。一节课下来,学到什么,还有哪些不明白的地方,应该一清如水。四是在教科书上做一些简单的记号,如重要之处、须牢记的、不理解的等做个记号。有同学把书上做满了记号那就等于没有记号了。忌多而滥,要少而精。

学会学习要在"钻"上下功夫,要有钻劲,要努力钻研。依赖教师把什么问题都讲清楚,把学习中的难题都解决好喂给你,是不可能的,也是不现实的。一般说教师总是尽心尽力把课教好,教清楚。但教与学毕竟是两码事,要学习得好,非得内在因素起作用。钻,不是钻牛角尖,不是每个知识都不分主次、不分巨细地钻研一番,而是应根据学习的目的要求、自己学习的实际,择其要思考、推敲,如解剖刀往纵深开掘,又放开视野与有关知识横向比较,锻炼自己分析、综合、归纳、演绎的能力,收举一反三的效果。

教科书是学生学习的依据,知识传授、能力培养离不开它,但不能误认为只要抱着它读得滚瓜烂熟,学习上就万事大吉。读教科书既要深入进去,学习有关的知识,理解,掌握,又要跳得出来,思考,应用,拓展。如果把课文看成学习的"点",精读深思,"面"上有广泛浏览,进行知识迁移,阅读方法迁移,课内外相互促进,语文水平的提高就明显得多。

怎样学会学习这儿仅就来信中反映的问题论及一二,不免挂一漏万。高中是解决这个问题的关键时期,解决得好,一辈子受用不尽。

不是"怪"学科

重庆市第四十九中学陈喜文同学(化名)来信说,自己很喜欢语文,并花气力努力学,但越学越觉得"怪"。数学题,哪一步错了,很清楚;历史讲社会发展的一般规律,也容易理解。唯独语文,碰到阅读中的选择题简直连猜带蒙,凭着一种无可名状的感觉去做,对不对完全无把握,分数高低凭运气。答题凭运气,这也算是一种能力吗?学语文自己不能掌握命运,莫测高深,这个学科是不是"怪"学科,希望得到指点。

这位同学提出了一个语文界十分值得探讨研究的问题:中学语文究竟怎么学,怎么考?特别是阅读教学究竟该怎样进行?

语文学科本不是"怪"学科。中国人学中国的语言文学,本没有多少神秘。我们生活在母语的环境中,从小耳濡目染。由于父母、亲朋的口耳相授,五六岁儿童的语言能力已可以适应身边生活的需要。入学校学习,识字,学习精要的语文知识,阅读美文佳作,训练理解和使用语言文字的能力,不仅使语言规范化,而且能进行语言积累,文化积累,提高文化素养。

阅读理解不是不可捉摸。读一篇文章要整体感知它的大概内容,整体把握它的内容,要能看出它各个部分之间的联系,能分析段、层次及其关系,能理清作者的思路,理解中心意思,领会作者写作意图。读文章还要根据不同表达方式和体裁的特点,感受语言所表达的思想感情,揣摩语句的含义,体会语言的表达效果,能评价文章的内容与写法,从中提取所需的材料。对文学作品，能初步鉴赏它的语言、形象和技巧。简言之，读一篇文章须把握以下几点：写什么？怎么写的？为什么这样写？从语言形式到思想内容，再从思想内容到语言形式反复琢磨，就能读顺读懂，从中吸取养料。一名学生阅读理解能力强弱与否，别人可以检测，自己心中也是有底的。

自从高考语文试题引入了标准化试题以后，语文教学尤其是阅读教学一步步进入怪圈。本来应该是教什么考什么，考试检测教与学的质量，促进教学改革，促进教学质量全面提高。而今由于应试泛滥，变成了本末倒置，考什么教什么，怎么考就怎么教。语文教学的质量，标准化的试题能否真正检测？只考机械的结论，分析问题、解决问题的思路难以知晓。众多的排山倒海似的选择题，在现象上搞得五花八门，反映中国语文本质的东西被掩盖了，似乎其中无规律可言。这种弊病，一直影响到小学，有些题目是帮助学生学语文，还是坑害学生学语文，明眼人一看便知，忧虑极深。比如有这样的试题：东风吹，天气____。（暖和、温暖、温和、良好）标准答案只能是一个，其他都错。又如：天空____。（蓝蓝的、灰灰的、青青的、白白的）标准答案只能是"蓝蓝的"，其他都错。真是荒唐至极！这种似是而非的题目会影响学生一辈子。语言文字是表情达意的，在怎样的语境中用怎样的词句，表达怎样的情意，有丰富的内涵，可用这个词，也可用那个词，看表达的目的而定。而今，把活泼的语言文字搞得机械割裂，烦琐不堪。天空有时是蓝蓝的，有时是青青的，有时是灰灰的，有时是白白的，这是学生见到的事实。抽去具体语境，拎出一个句子来选择，学生无所适从。学语文要讲人文，也要讲科学，要符合语文学科固有的规律；借助科学名义，违背语文规律，搞形式主义、烦琐哲学，教学就走进死胡同。不仅学生困惑，教师也困惑。对选择题的弊端，国际教育界已群起反对，遗憾的是我们还未洞悉语文学科的性质，还未彻底醒悟过来。语文考试成绩不能反映学生语文的真实水平,学生语文水平不理想,已成为众口一词的事。

困境令人窒息,改革势在必行。人为的怪圈还要靠有志之士来破。同学们学语文的苦衷与困惑是可以理解的。语文学科不是"怪"学科,认真读写,认真积累,认真思考,认真辨别,仍然是极有效果的。题目可以适当地做一点,为了应考,出于无奈,但最终是毫无用处的。考大学不过是块"敲门砖",进了大学这些题目也无用,也就丢了,社会上更是不要。归根结底,要在训练语文真本领上下功夫。读,调动自己的全部心智机能,感受、咀嚼、思考、体味、领悟语言的表现力和生命力,受深邃思想、精辟见解与高尚情操的熏陶感染,提高理解、分析能力。写,能从生活与书本中吸取营养,描绘大千世界中的人与事,明辨人生征途中的顺与逆、是与非、强与弱、成功与失败,抒发胸中充盈的壮志豪情。练就语文的真本领,一辈子受用不尽。

面目要清秀

四川省永川区永川中学高 98 级(2)班陈争同学、湖南省邵阳市新宁一中高 164 班杨兴旺同学、湖南省吉首市吉首一中石献华同学来信说,自己从小就写不好字,作业本上老师经常写上"请把字练一练"的批语,自己多次下决心练,但写了几个字又老毛病复发,乱涂乱画了,十分烦恼。询问:这是不是"绝症",还有没有办法医?

字写不好不是"绝症",不是无药可救,而是"顽症",十多年养成的书写习惯、书写方法,不可能不费吹灰之力改变于一旦。须从认识和实践两个方面努力,而且作比较持久的努力,才能攻克。

首先要切实提高对写好字重要性的认识。学习、工作、与人交往,离不开书面语言,离不开字。字犹如人的面孔,眉清目秀,看上去舒服,容易接近;如果眼睛、鼻子、嘴挤在一起,或五官东歪西斜,面目可憎,令人生畏、生厌,别人只好退避三舍。有人说,字是门面,门面一团糟,这家商店的经营必受大影响。字写得潦草、马虎,不仅有碍美观,更重要的在于容易发生差错,影响学习、工作,影响正常的思想交流。现在企业、事业等单位招聘人,第一件事往往是要求填写一张表格及写一份简单的自我介绍,如果字写得不像样,下面的测试就无资格参加了。升学考试也是如此,阅卷老师看到字迹端正、眉目清秀的卷子,精神都会为之一振,好感油然而生。

其次要认真分析自己字的毛病。诊断正确,对症下药,效果必佳。

空泛地讲要练好字,无目的无方向,往往事倍功半。比如:有的字像是火柴棒搭起来的,硬邦邦,笔画与笔画之间常有空隙,缺乏必要的联系,就好似一张桌子,桌面与四只脚之间没有榫头或没有黏合起来。其中至少有两个毛病。一是笔画没有正确书写,二是笔画之间的组合欠考虑。横、竖、点、撇、捺、折、钩、提八个基本笔画都有一定的写法,不能随心所欲。用笔尖平拖,用一种速度行进,看上去就呆板,无活力,像根火柴棒。如写横的笔画,笔尖稍微按以后向上微带斜势 $5°\sim7°$,写到中间处呈弧状,收尾时再稍微按一下,这个笔画就灵动,有活气了。当然,横的笔画不是一律这样写,要看位置在字的上端、中端,还是在字的底部。位置不同,写法如长短、起笔、收笔就略有变化。每个字是一个整体,犹如一部机器,每一笔都是这个整体里的零件,零件组装好,机器才能运转,呈现整体美。因此,笔画之间要自然连贯,左顾右盼,互相呼应,不能脱节,不能散板。还有一种常见的毛病是扭在一块,歪歪斜斜。汉字是方块字,十分讲究结构的规范。上下结构,左右结构,内外结构,都有一定的规矩,没有规矩,不成方圆。书写时必须遵守这些规矩。如偏旁部首放在这个字怎样的位置上,占整个字多少比例,心中都要有数。偏旁部首的位置、写法是在长期的汉字使用中约定俗成的,不能由着自己的性子爱怎么涂就怎么涂。字写不好的毛病很多,比如每个笔画喜欢弯一弯,扭一扭,手舞足蹈,又如字斜到 $15°\sim20°$,好像被风吹得站不直。那就要找原因,有针对性地治疗。写字时"风正一帆悬",斜的毛病就能治好;忠实于字的基本笔画,控制笔尖不弯不扭,不画蛇添足,字就会挺起来。

再次是多用脑筋"读"字,对字的笔画、笔顺、间架结构有清楚的认识。写不好往往是由于"读"得不好。对字形的认识若明若暗,字旁、字头、字底、字框不甚了了,没有作过分析,没有作过研究,下笔就会稀里糊涂,把握不住。经常看着字帖,用心分析别人是怎样把从硬笔尖流泻出来的单一的线条组合成有特定布局的字的,会从中获得启发。

　　当然,最后要落到实践上。练,要讲究效果。不必贪多,每天写几十个字,怎样写才端正、美观,要记在心上。一日不多,十日许多,久而久之,就会改掉毛病,面目改观。

　　希望同学们勤学苦练,持之以恒,写一手眉清目秀的字,让人一看就喜爱。

勤学苦练，出口成章

河北省阜平县平阳中学高二年级杨志鹏同学、河南省沈区县某中学高中王勋人同学来信说，自己口头表达能力差，不仅说话不够流利，而且常常词不达意，疙疙瘩瘩，听得的人很不舒服。听到有些同学回答问题侃侃而谈，讨论问题诙谐风趣，不仅羡慕，而且感到是一种享受。自己十分盼望能有这样的口才，希望指点途径。

在现代社会，人与人之间交往日益频繁，对口头表达能力的要求也越来越高。口才好，小而言之，对学习、工作、生活能提供许多方便；大而言之，在国际交往中，能维护国家的主权和民族的尊严。这两位同学能认识到口头表达能力的重要，并着力于努力提高，是可喜的。怎样提高呢？

首先要克服和消除怯懦心理。我们整天生活在母语环境中，每个学生对自己极其熟悉的人与事，讲起来会一套又一套，头头是道。有些同学尽管课堂上羞于开口，但谈起球星、影星、歌星，可以滔滔不绝，有声有色。因此，对自己的口头表达能力应有充分的估计，不能用"差"一言以蔽之。在有些场合口难开，正如来信中所说犹如上"战场"，脑子里一片空白。说不出话是表面现象，实质是畏怯心理在作怪。害怕说错，害怕说得不周全、不完美，害怕别人笑话等，脑子里充满这些乱七八糟的东西，怎么可能静下心来思考问题进行答对呢？在任何场合，仔细谛听别人的发言，认真思考，把内部语言组织好，开口就由难而易了。

其次要积极地坚持不懈地训练。口头表达有许多技能技巧,实践得越多越纯熟,越能掌握其中的奥妙。可先从朗读入手,读一些短小的、朗朗上口的佳作,各种体裁的文章都读,把语句读顺了,句读分明了,抑扬顿挫、语音语调听起来悦耳了,这就给"说"打下了扎实的基础。读,当然要用普通话。然后可训练对话,可与好朋友交谈,也可一个人作甲乙双方来答对,围绕一件事、一个问题交谈,发现哪儿存在问题就及时纠正。与此同时,可训练整段整段的讲演,先可以背诵几段逻辑性强、颇有说服力的文字,然后口语化,一句一句打动人,可对着镜子讲,可在空旷的地方讲。在这个基础上,自己选题,确定内容,组织语句,自己演讲,力求有说服力、感染力。与此同时,可参加一些辩论,倾听不同意见,迅速辨别,慎加筛选,表明自己的意见与态度。虽然各人情况有所不同,但只要坚持训练,从实际出发,有所侧重,必会改变"金口难开"的状况。

再次要训练思维的敏捷性和严密性。准备稿子讲,很难判定是不是好口才。关键在即席发言质量如何。要点抓得准不准,论证的理由充分不充分,遣词造句妥帖不妥帖,逻辑性强不强,都在短时间内见分晓,甚至是瞬息之间。那就要靠思维敏捷,反应灵敏。懒于思索,思维迟钝,碰到事情都慢慢来,难以练就好口才。积极主动地训练自己对客观事物的迅速反应,训练自己多方位多角度多层面考虑问题,力求思考问题日益严密。比如电视里有些节目主持人口才好,与他们反应的灵敏度高有密切关系。

当然,口才好最为重要的是脑中要有比较丰富的知识。语言为表,内容为里,腹中空空,语言表达不可能生动优美。对事物认识深刻,拥有相当的词汇量,说起话来既可一语破的,又可精彩纷呈。

祝愿同学们都能练就好口才,将来在工作中显身手。

多多未必"益善"

四川省大足县大足中学高中学生邓玲、山西省沁县师范学校冯强同学来信说,自己喜爱语文,极想把文章写好,但往往提笔忘词,不论是描摹形象,表达感情,还是发表议论,总是干瘪几句,无话可说。老师经常批评,说"读"这一关没过好,要多读。于是,我们在"多"字里窜来窜去,然而至今无多大进步,希望得到指点。

众所周知,淮阴侯韩信将兵,多多而益善,意思是越多越好。其实,多多未必"益善"。用文字写景状物,表情达意,不能得心应手,与读得怎样确实有密切关系,老师要求在阅读上下功夫,要求多读,是指导在点子上的。唐代大诗人杜甫有句脍炙人口的名言,"读书破万卷,下笔如有神",把读与写之间的联系揭示得生动而深刻。然而,必须清醒地认识到数量不等于质量,读不等于写,多读不等于一定能写好,读与写毕竟是两个范畴。要把阅读所得迁移到写上,有效地提高书面表达能力,至少有三个问题须认真思考,认真对待。

一是读什么书。开卷有益,开卷也未必有益,就看读什么书,选择怎样的书来读。读书要善于选择,用眼力来鉴赏。以为凡书都可以读,不问书籍内容,不作取舍选择,漫无边际地读,那就会滥用精力,收效甚微。再说,现在有些书不仅内容乱编,而且文字粗糙,错误丛生,如果读这种书,不仅不能得益,反而影响语文能力的提高。至于诲淫诲盗的坏书,更是不能读。正如英国作家菲尔丁所说:不好的书也像不好的朋友一样,可能会把你戕害。中学生读书不能太泛,乱七八糟碰到什么吞什么,又不能太窄,认为捧着作文选就能写好作文。要以所学各门功课为轴心,有计划地扩展文学读物、社会科学读物和自然科学读物。有主攻方向,又有一定的知识面,这样的读就有基础。

二是怎样读。阅读技巧、阅读方法大有讲究。首先,对所读的书籍、文章不能平均使用力量。有些只需浏览,略知一二即可;有些需认真研读,仔细咀嚼,理解要义,掌握语言;有些需熟读、背诵、积累、储存。英国哲学家培根对怎样阅读阐述得十分具体,他说:"有些书可供一赏,有些书可以吞下,有不多的几部书则应当咀嚼消化;这就是说,有些书只要读读他们的一部分就够了,有些书可以全读,但是不必过于细心地读,还有不多的几部书则应当全读、勤读,而且用心地读。"

浏览的且不说,认真咀嚼的必须是文章中的精品。从语言文字到思想内容,从遣词造句到谋篇布局,从构思技巧到写作方法,均要用心揣摩,细细体味。最为重要的是动脑筋,阅读要善于思考,思考,再思考。长一些的文章或内容丰富的书可一部分一部分读懂,先分后总。北宋苏东坡据说曾用"八面受敌"法读书,他说:"人之精力,不能兼收尽取,但得其所欲求者尔。故愿学者每次作一意求之。"每次读书,只注意一项内容,单路挺进,然后连贯起来,把握要旨。

理解了要印在脑子里,有些文章一晃而过,看似读了,实际上没有入心,等于没读。这种"多读"是虚假的,无实效的。读书不是为了忘却。古今中外有学问的人,有成就的人,都十分重视知识的积累。大学问家钱锺书博闻强记,读过的书,即使相隔四五十年也忘不了。在美国一次招待酒会上,有人抄了一首绝句问他,说通常这首绝句被认为是朱熹的作品,但《朱子全书》却不见。钱锺书一看就知道此诗初刊于哪一部书,并非朱熹的作品。记忆力惊人,学问惊人,这都是自幼以来长期积累的超人功力。中学生读书要在熟读、背诵上下功夫,对佳文、美句要储存在胸。不在积累上努力，脑子里空荡荡，下笔时当然就羞涩不堪。

　　三是有意识地运用。要把阅读所得迁移到写作中，自己就要做有心人。如元代大书画家赵孟𫖯夫人管仲姬诙谐地对丈夫说："把一块泥，捻一个尔，塑一个我。将咱两个，一齐打破，用水调和。再捻一个尔，再塑一个我。我泥中有尔，尔泥中有我。"后来，"我中有你，你中有我"，许多地方套用，变成写作时信手用的常用语言。阅读中词语、句子、布局、写法等均可有意识地学习、运用。

　　精读，深思，积累，运用，不断吮吸养料，能促进写作能力的提高。当然，提高写作能力还有一条十分重要的途径，那就是身入生活，心入生活，这儿就不赘言了。

勇气来自执着追求

青海省师大附中陶洁、江西省东乡县第二中学王新奎、四川省荣县一中杨绿萍等同学来信说,自己是文学爱好者,很想写点什么,投给报刊,但屡投屡不中,因而锐气大减,笔提起又放下,想寻求重鼓勇气的途径。

青年学生爱好文学是值得称道的。优秀的文学作品是作家用自己从人民中间汲取来的光和热去温暖、照亮、鼓舞别人的心。经常阅读文学作品,能深入地认识自然、认识社会,受到人生的启迪。青年学生有写作的愿望,希望投到报刊社的文章能被录用,能发表,这也是可以理解的。一旦自己的劳动被承认、被肯定,内心的欢快往往难以言表。

然而,天底下似乎没有百发百中的事,写稿投递也是如此,不可能投递一篇,发表一篇,即使是有名的作家,发表文稿也常要修改、加工,更何况我们没有写作经验的青年学生。举例来说,何为的《第二次考试》是脍炙人口的美文,高考作文题用过它,初中语文教材用过它。这篇文章原是3 000字的散文,由于发表时篇幅上的限制,《人民日报》文艺部要求将该文缩到2 000字以内,这样,作者就须重新构思,用最经济的笔墨勾勒出两次考试的场面,设置了一系列的悬念,引人入胜,修改的效果良好。用何为自己的话来说:"文章有时候确实是改出来的。"

投稿未被采用,总有一定的道理。从来信看,几乎都涉及因无人认识,故而文稿如石沉大海,音信全无。其实不然,文章能不能发表最为主要的是质量问题。质量上乘,醒人耳目,谁都会爱不释手。任何一份报纸,包括以学生为阅读对象的报纸,能受到读者的欢迎乃至厚爱,必然要讲究质量。质量好,才能赢得读者的信任。所谓质量好,当然关系到排版、纸张、印刷、美化等问题,但最重要的是文章的质量,编辑选用什么文章,是煞费苦心的。因此,投稿的命中率高不高,关键在于稿子的质量。

怎样提高文章的质量,可研究的问题很多,其中有几点特别重要。第一要弄清楚写稿的目的。是为了积极锻炼自己反映生活、表情达意的能力,还是为了发表,效果不一样。前者求真,有情可抒,有事可叙,有感而发;后者容易本末倒置,不是从笔端自然地流出,而是硬做硬写。真实就美,做作就会给人虚假的感觉。第二是须弄明白写什么,意图何在。清朝人薛雪在《一瓢诗话》中说:"诗不可无为而作。试看古人好诗,岂有无为而作者?无为而作者,必不是好诗。"写文章道理相同,无论是叙事、记人、写景、状物,总有一定的意图,不能想到哪里写到哪里。比如四川荣县一中杨绿萍同学写的《愿花开时节又逢君》,从文笔看,语文水平比较好,可惜的是写作的对象不明,表达的感情是怀念,是惋惜,是无奈,用文中的话来说,"谁也说不清"。晦涩与含蓄是完全不同的概念,含蓄能给人以咀嚼的甘甜,而晦涩只能给人以混混沌沌的感觉。对青年学生来说,写明白十分重要。一位有才华的女教师离开教坛,留给学生深深的眷念,这个题材是摸得着看得见的。叙,可以饱蘸感情;议,可以启人深思。躲躲闪闪,虚无缥缈,写作意图就不能实现。第三是在读书和认识生活上下功夫。读是吸收,写是表达。吸收得丰富,下笔才能自如。读,既要读有字书,也要读无字书。读有字书,是指多读佳作,领会精髓,学习语言,琢磨写法,增长知识,开阔视野;读无字书,是指观察生活,认识生活,了解周围的人、事、景、物,锻炼观察事物的眼力和分析问题的能力。这个基本功反复训练,久而久之,语言仓库日益丰富,思维日益活跃,有眼力,有见解,写文章就不会生拉硬扯,无病呻吟了。

由于对写文章的艰辛缺乏足够的认识,因而碰到挫折容易气馁。天底下要正正经经做成一件事,没有不付出巨大艰辛的。来信的都是文学爱好者,情趣比较高雅,只要有韧性,执着追求,勇气就会倍增。

冲破"高原现象"

河北省沧州市第一中学高三田玉柱同学来信说,自己写作文的水平比较好,文从字顺,但近来出现了裹足不前的情况,似乎步入高原,看不到尽头,心中十分惊恐,询问这种写作上的"高原现象"能否克服,有什么好办法能使自己消除这种苦恼。

田玉柱同学提的问题在高中学生学习写作的过程中经常发生,很有讨论的价值。首先须明白:任何一名同学不可能写作能力直线上升,不可能篇篇作文有显著的进步。作文要求不同,文章体裁不一样,习作者的生活储存、知识积累强弱程度有差别,写出来的作文时好时差,时精彩时一般,是非常正常的。有个阶段写作似乎有灵气,进步得比较快;有个阶段似乎落入低谷,不但未见提高,反而好像有些下降,这也非常正常。学习过程呈现波浪形或呈现螺旋式上升,应该说是常态,根本无须惊慌,重要的是静下心来,冷静思考,如何在已取得成绩的基础上寻求更大的进步。

出现"高原现象"意味着自己对前一阶段作文的进步是满意的,由低而高,由平而高,写作文跳跃了一下。为什么后来就"一马平川",不能跃上新台阶呢?须剖析原因。

也许是固定模式的束缚。小学生初学作文,教师往往不遗余力地讲述作文的"三段论",开头,结尾,当中一段是主要内容,结尾往往还要点题,或拔高一点,阐明意义。对从未写过作文的儿童来说,"规范"一下不无益处。但长此以往,不思变化,必然束缚思维的发展,束缚运用语言能力的提高。有经验的语文教师,儿童进入初中后,写作上先破固定模式,让学生写自由文,活跃思维。高中学生,特别是高三学生,为了应考,写议论文准备了种种模式,也就是先搭框架,然后再填上一定的内容,套上一定的比喻论证、对比论证等论证方法。乍看,结构完整,眉目比较清楚,但由于文章的结构形式所限,思维拘囿于一定的范围之内,难以有闪光的思想,难以有神来之笔。形式为内容服务,过分强调文章模式,习作者很难尽情发挥。

也许是知识囊中羞涩,急需充电。现在有种怪现象,各种各样的习题如海洋,学生耗费了大量精力,真正读书求知的时间大大减少。中学生的知识储存毕竟有限,要写得好,必须得读得好。广泛阅读,开阔视野,脑中就会不断有知识活水流淌。一本好书,一篇优秀的文章能启人智慧,开人心窍,能引发人思考许多问题,联想到许多人和事,能帮助人探究事物的真相,生活的真谛。读是吸收,功课再繁忙,也要挤出时间来读,来给自己充电。长篇巨著来不及读,可读短篇,可读短文,每天坚持读一点,就有成效。当然,读必须思考。浮光掠影,等于不读。读要有所得,善于抓要领。无须贪多,贪多必然模糊一片,难收实效。生活储存也很重要,生活中充分运用感觉器官眼看、耳听,广开见闻,会学到很多生动活泼有趣的知识,活生生的作文材料会涌到眼前,任你选用。囊中饱满,电力充足,下笔就会汩汩往纸上流。

也许是写作技能发生故障。有时会发生这样的状况:胸中有物,有许多话要说,但缺乏筛选的能力,似乎样样都是宝,没一样舍得丢弃,其结果是都塞进文章,臃肿不堪。须知:写作文不仅要会做"加法",做到材料充实,而且更要会做"减法",裁剪不必要的枝叶,在"精"上下功夫,做到以一当十。俄国文学家契诃夫说得好:"要知道在大理石上刻出人脸来,无非是把那块石头上不是脸的地方都剔掉罢了。"这段话充满哲理,对我们写作上的选材,剪裁无疑是有益的。有时还会出现这样的情况:开篇下笔如顺水行舟,思维敏捷,笔尖流畅,写到中途,思路突然堵塞,笔似乎下不了水,于是就硬写、硬挤,写出来的文章前后很不协调。碰到这种状况,应停笔潜思,重新梳理思路。可能打腹稿时考虑欠周密,可能线索拿得不准,不能一以贯之,可能某些材料仅知皮毛,运用时方知力不从心。凡此种种,只要从实际出发,对写作设想略作调整,电路接通,语言就会顺畅起来。

总之,原因多种多样,在每个人身上反映的各不相同。查清原因,对症施以良药,必能冲破"高原现象",使写作能力有新的进展。

方法正确,效果自佳

杜贞坤等同学:

你们提出的怎样才能使课外阅读更有效果的问题是很值得探讨的。生活在现代社会的青年学生,如果只抱着几本教科书不放,课外不读书报杂志,无疑是自我闭目塞听,关闭接受大量的信息的渠道。社会在发展,科技飞速进步,新知识、新技术层出不穷,书报杂志作为传播知识、传播信息的重要媒介,青年学生应花一定的时间与精力与它们接触。语文教师提倡学生课外多读书报杂志,是正确的,积极的。

为什么效果不理想呢?在以下几个方面可能你们注意不够。

一是读书要精选,千万不能捡到篮里就是菜。好书犹如美好的社会,能培养高尚的情操和人格。选书不当,徒然浪费时间,有些内容芜杂、情节杜撰、文字拙劣的书,读了确实白费精力,至于内容不健康的,读了只有害处。有的缺乏鉴别能力的青少年沉湎于武侠、言情小说之中,胡思乱想,消耗青春及生命,就是令人痛心的事。在出版物良莠并存的今天,精选好书读,至关紧要。

二是要主攻方向明,茫无目的地这个翻翻,那个读读,就会在茫茫书海中沉浮,弄得不好,空手而归。书报类别很多,在初中或高中学习阶段,主要想读哪些类别的书报杂志,心中要有个总体框架。政治类、文艺类、科技类、史地类的等都可读。某个时间段因为课内学习的需要,可在课外找一些相应的书阅读,既帮助解决课内的疑难,加深对课内某些知识的理解,又开阔了视野。如果你的目的在有效地提高写作水平,那你课外阅读的主攻方向应定在小说、散文、科学小品、一事一议或多事一议的短论上,而不是花相当精力看文章作法。读上述范围的书,要选精品,要多读短文。短而精,便于解剖,便于从写作技能技巧中获得借鉴。长篇小说,长文,也可读,其他类别作品也可涉猎,但一般浏览即可。平均使用力量,难以取得好效果。

三是要学会读书,善于消化吸收。读书如果只是目光的移动,没有入脑入心,就等于不读。读书一定要认真思考。思,才能读懂词句,理清写作思路,领悟文中深意,从中吸取养料。读而思,结合学过的知识,新旧联系思考,就能温故而知新;结合实际,包括过去的和现实生活的,进行思考,对文中阐述的道理能加深认识,并能运用书中的哲理分析问题,解决学习、生活中碰到的问题,就会品尝到读书的真正的欢乐。写阅读笔记是读书的一种好方法,但不能烂,要讲究质量。为写而写,是不会有好效果的。写笔记须讲究精要,阅读确有心得体会,记下来,不断积累,就可能终身受用。如果阅读时脑子里模糊一片,动笔时写些人云亦云的话,就会徒劳而无功。

最后谈一点朗读与默读的问题。朗读与默读都是读书的方法,谈不上谁好谁差。关键在阅读的目的是什么。要求深入思考,当然采用默读方法合适;要求体会文章的气势、词句的铿锵,当然朗读更能有效果。朗读并不是声音越大越好,它是有一套规则,一套学问的。

你读书很认真,写阅读笔记也很刻苦,只要方法正确,又持之以恒,学习上必能有长足的进步。

祝好!

关键在于"化"

新疆乌鲁木齐市八一中学高三文科班邢志荣同学、江西抚州市某中学高中生吴淑琴同学来信说,他们都喜爱语文,一心想提高写作能力与文学修养。为此,他们抄录了许多名言警句,本以为对写好作文会大有帮助,但实践下来没有什么效果。于是,产生怀疑,是不是过去的抄录浪费了时间和精力,希望找到答案。

学语文,积累很重要。积词积句,背诵美文佳作,丰富语言,丰富知识,丰富思想,对提高使用语言文字表达情意的能力,对加强文学修养很有帮助。摘录名言警句是积累的一种方法,而且是行之有效的一种方法,这已被无数成功的事实所证明。产不产生效果不可简单地归咎于这种积累方法,应认真分析,寻找原因,有针对性地加以解决。

要使摘录的名言警句产生效果,关键在于"化"。食而不化,或者是根本未"食",营养价值当然就难以发挥。怎样才能"化"呢?

深刻理解是"化"的第一步。名言警句之所以能使人振聋发聩,之所以能启迪人,教育人,开人心窍,是因为这些语言是思想的结晶,它反映了这些语言创造者对宇宙、对世界、对人生、对事物独具慧眼、独辟蹊径的思考,内涵极为丰富,透射出智慧的光芒。摘录时仔细咀嚼,反复体会,就能从中深受教益。比如英国哲学家培根有句名言,高中学生几乎都接触过,但理解、领悟的程度就大不一样。这段话是:"阅读使人充实,会谈使人敏捷,写作与笔记使人精确。……史鉴使人明智,诗歌使人巧慧,数学使人精细,博物使人深沉,伦理之学使人庄重,逻辑与修辞使人善辩。"粗读,摘录一下,可能仅理解到哲人知识渊博,对众多学科、众多技能对人的培养作用能列举一连串,启人思考。再咀嚼一下,会惊叹哲人高度概括的能力。"充实""敏捷""精确"等,不是一个个普通的词语,而是经过无数事实的积累,从正反经验中提炼出来的结晶。例如"阅读使人充实",就可体会到人的成长离不开直接经验和间接经验。人不可能事事直接经历,人要在有限的生命时间里获得人类创造的精神财富,成为知识富有的人,就得借助别人的经验,阅读就是最好的途径。书是知识的源泉,每一本好书会在你面前打开一扇窗户,使你看到一个不可思议的新世界,脑子里要除去无知,除去愚昧,赶走精神上的贫乏,就得重视阅读,精读博览,涉猎古今中外佳作。心灵空虚,头脑空白,是人生的悲哀;一个人精神生活充实,知识富有,就能真正尝到人生的价值、人生的欢乐。"充实"一词把阅读的意义和作用表述得如此朴素、如此深刻、如此精辟,更易一下,很难囊括那么多的深意。再咀嚼体会,可发现每一个分句都是一篇长文的浓缩,都是一本人生启示录,内容的丰富可以尽情展开想象。从知识到思维,从道德到言辞,从机智到洞悉事物的能力,均作了深刻的阐述,言简意赅,确实可作为座右铭。如何深刻理解,上文仅举其一二,同学们自己阅读摘录时完全可以超越。

  要"化",就得加强记忆,注意在脑中储存。学生摘录名言警句常有这种情况:发现时惊喜,然后兴奋地抄写在本子上,可惜的是抄写完也就万事大吉。写在本子上的,即使再漂亮再丰富,也不等于是自己已经占用。不注意在脑中储存,就等于食物咬了一口又吐了出来,其中的精华并未吸收。如果抄录时漫不经心,那就等于食物未食。求学时期,对知识要有强烈的占有欲望,写在书上、记在本子上的知识是不属于自己的,只有理解了,记住了,才会用得上。当然,要背诵出所有的名言警句是比较困难的,但是青年学生记忆力强,择其中精彩的背诵出来是不困难的。有些虽背不出来,但有印象,只要外界事物一触发,马上可以联想起来,迅速翻检。

"化"还得采取拿来主义的态度。任何名人名言都是彼时彼地特定背景下的产物,生搬硬套不可能使自己的文章生色、增彩,甚至弄巧成拙,非驴非马。名人名言自己理解了,消化了,从思想高度上获得启发,从情操上获得陶冶,从认识事物、洞悉问题的方法上获得借鉴,对写作能力的提高必有帮助,这种提高是无形的,不可能用数据来衡量。在食而消化的情况下,从自己某篇作文的实际需要出发,引用名人名言,拿来为我所用,可增添文章的分量,增添说服力或感染力。

抓住"化"字,劳后必有功,不会浪费时间和精力。

迎考，须镇定自若

宋帮达、郭昕、龚华等十多位同学来信说，高中或初中毕业前夕，升学考试深深地困扰自己，心里慌乱，脑子里乱哄哄的，好像满脑子记住的东西很多，又好像记忆力衰退，什么都不记得，希望能得到指点。

同学们的心情是完全可以理解的。要打胜仗，战前必须秣马厉兵；要能在升学考试中发挥出最佳水平，考前须做充分的准备。怎样才能准备得有效？我看首先要有大将风度，从容不迫，镇定自若，千方百计克服困难，有坚定的信心。千万不能自己吓唬自己。心里慌，阵脚必乱，复习功课时效果必然受影响。

去除了心慌意乱，就能够冷静下来思考一些问题，做到有计划有目的地复习功课。复习要讲究方法，从自己的实际情况出发，不能把什么东西都硬往脑袋里塞，弄成乱麻一团。

复习的过程应该是把所学的知识梳理、归纳，使之条理化的过程，是取舍详略、突出重点，使理解与记忆加强的过程。复习时不能如有的同学来信中所说，一篇篇课文都花时间读，什么都记，但什么都似乎记不住。语文总复习时可以分成四大块分别复习，这四大块是：基础知识、现代文阅读、文言文阅读、作文。

先说作文。作文关键在平日训练的功夫，似乎不必花更多时间复习。但有几点须弄得十分清楚。一是审题。题目要一字一字认真读，认真思考，准确无误地掌握题意。千万不能偏离或遗漏题目的要求。

无论是记叙文、说明文、议论文,也无论是材料作文、情境作文、想象作文,都要弄清题意,把握要求。二是确立中心。文章要有主心骨,不可散漫无边。三是结构。要清晰、完整,不可杂乱、残缺。当然,语言通顺是最基本的,但非一下能解决。作文虽说考前不必多花时间,但考试时必须切实把握好以上几点。

再说现代文阅读。可按不同文体分类复习。如把记叙文的一个个知识点串联成一条知识链,使之系统化。记叙的要素,记叙的顺序,人称,肖像、语言、心理、行动等描写,环境描写,细节描写,正面描写,侧面描写等穿在一根链上,自己掌握的一带而过,自己不熟悉的或掌握得不牢固的,就多花一点时间,直到弄懂为止。选一些典范的课文,结合有关知识进行分析,加深理解。易读错写错的字词须记正确,该背诵的须背熟。说明文、议论文、散文等不一一列举了。文言文阅读、基础知识复习,也可以此类推。

经过梳理、归纳,脑子里线条清楚,该补什么,该强化什么,心中就有底,考前复习见成效,信心就增强了。再说,一名初中三年级学生,经历大大小小考试不下百次,可谓身经百战,更不用说高三学生了。只要注意总结经验教训,定能信心倍增。

总之,考前要尽力,考时要放松。正因为考前尽了心,于心无愧,就会怀着轻松的心情走进考场,从容不迫地夺取胜利。

虚假不得

肖玲同学：

你在信中提出了一个中学生应高度重视并应认真解决的问题，那就是应该如何制止并消除考试中的作弊现象。

众所周知，作弊是考试中的偷窃行为，是不登大雅、被人耻笑的行为。既然如此，为什么又屡禁不止，手法越来越高明，并有蔓延之势呢？我觉得要从三个方面来解决这个难题。

从学校方面说，应加强说服教育，陈述作弊行为的实质与危害，并绳之以校规校纪，以达到塑造学生心灵的目的。对正派的、不作弊的同学来说，要敢于规劝有作弊动机和作弊行为的同学，晓之以理，要热情帮助他们克服学习上的困难，鼓励他们通过自身的努力取得好成绩。

然而最为重要的还是作弊者自己痛下决心，与作弊行为决裂。因为前面两个方面都是外因，作弊者自己才是内因，外因要通过内因才起作用。为什么有的学生考试总想作弊呢？探究病因方能根治。

首先是一种心理上的病态，在付出与获取的关系上失衡。种瓜得瓜，种豆得豆，要在学习上取得好成绩，当然须付出艰辛的劳动。毛病出在想少付多取，或不付就取，于是动脑筋走歪门邪道，弄虚作假。其实，弄虚作假、作弊也是要花时间和精力的。我曾见过一些抄的夹带，字像微雕的一般。何苦呢？花这么些时间，那几条公式、几项定理早背在心里了。

其次是受社会上不良风气的侵害,荣辱颠倒。不法商人销售伪劣产品,图谋暴利,不以为耻,反以为荣。青年学生如缺乏坚强的意志,就在不知不觉中中毒、受害。过去如果某名学生在考试中作弊,不仅他本人在班级里抬不起头,大家也以此为耻辱。现在有些人,对什么叫"耻",已经有几分麻木。青年学生应该唤醒羞耻心,因为这是人格的组成部分。

再次是认识上的短视。只顾考试分数,不管实际本领。分数不过是学习掌握情况的某种反映,它不是求学的目的。求学的真正目的在于学习做人的道理,掌握做学问、做工作的真本领。用虚假的手段去猎取好成绩,欺骗自己,欺骗别人,在生命的路程中留下永远擦不掉的阴影,又有什么值得呢?

最为根本的是缺乏志气。人无志不立,没有志气就不能挺直身子做人。学习当然会碰到种种困难,要真正学到知识,掌握本领,就得专心致志学,勇于克服困难。只要功夫深,铁杵也能磨成针,何况中学阶段学习上的困难?青年人特别要有志气,要长志气。从小养成克服困难的锐气和勇气,将来一辈子受用不尽。

有过作弊行为的改了就好。青年人不怕犯错误,就怕不改;改了,做人就会跃上新台阶,就会举一而反三,领悟到许多道理。

心旌不宜飘荡不定

甘肃省定西县东方红中学高三(2)班贾雄同学来信说,高考即将来临,自己异常困惑与彷徨。面对升学与就业,面对家乡的贫穷与落后,时而学习信心百倍,时而心乱如麻,时而感到前途光明灿烂,时而又觉得举步维艰,时而为过去曾名列前茅而欣喜,时而又因为名落孙山而无奈,如何才能摆脱这种困境,希望能得到良策。

贾雄同学这种思想状况在一部分即将毕业的高三学生中很有代表性,用一句话来概括,就是心中的旗帜飘荡不定,很是苦恼。

为什么心中的旌旗会飘荡不定呢?高中学习阶段结束,面临生活道路的抉择时刻,有这样那样的想法是不足为怪的。青年,对前途有憧憬、有追求,前思后想,左顾右盼,企望在继续深造中找到自己的位置,在就业大军中觅到自己的良机,因而,想得多一点,想得深一点,想得复杂一点,本无可非议。问题在于不能较长时间淹没于其中,搅得头昏脑涨,不得安宁。心情像钟摆似的摆个不停,忽这忽那,心绪不宁,心神不安,学习必然受影响,乃至裹足不前。怎么摆脱呢?

牢牢把握现在最为重要。距高考的时日已屈指可数,复习已进入了倒计时。时间十分珍贵,不允许我们学生在彷徨、困惑中抛掷。革命先烈李大钊说得好:"今是生活,今是动力,今是行为,今是创作。"不管日后是升学还是就业,高中学了三年,应该把握时间进行系统复习,把零散的知识梳理成序,不理解的加深理解,薄弱部分弥补上,不熟练的加强训练，错误的加以纠正。复习，温故而知新，文化基础打扎实，不仅应考能力强，而且一辈子受用不尽。过去学习上的成功与失败，从吸取经验与教训的角度思考未尝不可，如忽而沾沾自喜，忽而颓唐沮丧，那就大可不必。为已逝去的往事心潮掀波澜，徒然搅乱思想，于事无补，于学习不利。今日就是学习生活，今日就是学习的动力。美国作家惠特曼曾这样说："我现在的这一分钟是经过了过去无数亿万分钟才出现的，世上再没有比这一分钟和现在更好。"

要心旌不飘荡，须在"沉稳"上下功夫。年轻人容易浮躁，遇到事更是不知把心往哪儿搁。要懂得：心必须放在心窝里。放在心窝里，就能头脑清醒，有条不紊地安排自己的学习、休息，遇到困难，想办法攻克；就能沉着、稳重，事情一件一件做，学科一门一门复习，问题一个一个弄懂，习题一道一道完成，而不是天马行空，不着边际。心要静，心静就安，就不会患得患失。"沉稳"还表现在对前途的执着追求与坦然自若。

继续升学，获得深造，几乎是所有高中生的愿望。因而，孜孜以求，日复一日，年复一年，使自己的知识日益丰富，读写能力、自学能力、解题能力等日益增强。为了成为祖国的有用人才，年轻时就必须奋发努力，艰苦学习，有所追求。然而，读大学，继续深造，毕竟数量有限。根据我们国家的国力，到 20 世纪末，只能普及九年义务教育，而且只是基本上普及，即使达到了这个目标，还要花极大的气力，克服种种困难。要普及大学，每个高中生都进大学，在短时间内是脱离实际的，做不到的。高校选拔学生有科学性，也有一定的偶然性。由于种种复杂因素，有的学得比较好的同学考试失手也是有的。尽管如此，仍然要坚持不懈地努力。

生活道路宽广，升学并不是唯一出路。在事业上有成就的人，有学历层次高的，也有中等学历的，乃至低学历的。关键在于有一颗为祖国服务、为人民服务的火热的心。行行工作都有学问，行行工作都有出息,只要明确意义,忠于职守,深入钻研,悉心进取,总会卓有成效。抓斗大王包启帆、营业员马桂宁、水电工徐虎,都是杰出的代表。他们的文化水平原本不高,但出于对事业的无比热爱无比忠诚,边干边学,刻苦钻研,有的在国际在全国频频获得发明创造奖,有的形成一整套服务艺术,有的把温暖送到千家万户。事在人为,只要尽心尽力干,前途必然光明。

把事情想清楚,想深想透,心情就会平如镜,不会飘荡不定。

行进,坚定不移

有些同学因为投稿失败而导致文学梦破灭,这个问题也是值得讨论的。我手头就有好几封这样的信。如江苏省姜堰市苏陈中学刘红梅同学来信说,自己是一名痴迷的文学爱好者,并有写作热情,于是向报纸三次投稿,然而三次皆失败,大大挫伤了自信心。又如山西省长子县一中王少科同学来信说,自己热爱文学,曾数十次投稿,均未被录用,心中烦躁不安,对文学的爱好也发生动摇,因而寻求指点。

要解决这个问题,首先须弄清楚自己为什么爱好文学,目的何在,是一时感情冲动,还是作过某些理性思考。比如,读了几首诗、几篇散文,或读了一部小说,被其中刻画的某些人和事、某些精彩的语言所吸引、所感动,于是油然生起了热爱的感情;这种感情又驱使自己关心文学作品,到文学宝库中去觅宝,去开阔视野。在较为广泛的阅读和比较深入的阅读中,认识到文学对人生的意义,初步体验到文学对生活的魅力,对自己成长、成熟,从思想到情操到语言的作用,感受到读优秀文学作品不仅锻炼自己的眼力、思考力、想象力,而且能吮吸众多的精神养料,使自己的内在气质发生变化,使自己的内心世界丰富起来。如此步步深入,对文学的热爱就会由情入理,情理兼备,基础牢靠。

由热爱阅读进而有写作的愿望,有创作欲,想反映生活,褒善贬恶,这也是十分正常的。许多作家创作道路都可寻找到这类似的心灵轨迹。学生时代观察生活,思考人生,把所见所闻所思诉之笔端,写成诗,写成文，投到报纸杂志，希望发表，这种写作积极性可喜可嘉。不过须注意的是热爱文学和诗文发表之间不能画等号，更不能因诗文几次未能发表而动摇对文学的感情。否则，不是对文学缺乏真切的认识，就是对文学还缺乏真正的感情。

热爱写作不等于马上就能成功。一篇文章能不能发表有主客观的因素。写什么，怎么写，其中学问不少；阅稿人的审稿眼光，某报刊的编辑意图，稿源的充沛与匮乏，等等，均关系到稿件是否被录用。不用说学生的一般作品，就是世界上的名家名作，有些也曾未能逃过退稿的厄运。大家熟知的法国著名小说家福楼拜所创作的《包法利夫人》，就曾遭到退稿的命运。退稿信上写着：整部作品被一大堆甚为精彩但过于繁复累赘的细节所淹没。又如美国名作家詹姆斯·乔伊斯是20世纪最重要最有影响的小说家，他的作品《尤利西斯》就被退过稿。退稿信是这样说的：我们以极大的兴趣拜读了小说稿，极愿将小说付梓，然小说的长度是我们目前难于逾越的障碍。任何一个印刷商都不愿意承印此书，而按我们现在的出版周期，出版一部300页的书至少需要两年时间……故将手稿退还给您，还望海涵。仅举两例，就可知发表、出版与否的原因多种多样。如果碰到困难，他们就改变初衷，创作上都偃旗息鼓，那怎么可能有以后那样举世公认的成就呢？

投稿不仅要有勇气，而且要有韧劲。人世间要真正做成一件事特别是一件好事是极其不容易的，其中付出的艰辛往往难以用简单的数据来衡量。尚未踏上人生征程的青年学生对此还缺乏认识，缺乏充分的思想准备。投稿不过是一种小小的考验，要经得起，不能一碰就碎，脆而不坚。

关键还在于稿子上要下功夫。写的内容要实在，要清新，总要有点闪亮点，给人以惊喜、以沉思、以追寻、以遐想。平淡如水，人云亦云，稿子就立不起来，当然也就不可能被礼遇。比如写亲情，描绘与歌颂母亲的哺育之恩,如果只是泛泛而谈,文章就无分量,也无多少意义;如果有独特的视角,写出自己独特的感受,效果就大不一样了。我也常收到同学寄来的文稿,比较普遍性的问题是内容平平,乃至空泛,诗也好,文也好,往往是一些华丽的或故作深奥的词句的凑合。语言文字是表达情意的工具,情真,意实,笔端的语言就会有灵气,就生动流畅,不佶屈聱牙;语言要磨炼,要选用最恰当的词句表达自己的情意。抄录下来的语句虽美,但毕竟是别人所思所想,只有植根于自己思想感情土壤中的语言花朵,才勃勃有生气。

做任何一件事,认清目标,能坚定不移走下去,都需要足够的勇气,走学文之路也是如此。

要主动沟通

山西省临猗县钟文敏同学来信说,自己学习成绩有所下降是由于前面学过的知识有漏洞,正想办法补,可是父母不这样看,认为是交友方面有问题,因此发生矛盾,询问该怎样处理才能消除矛盾。

学习成绩下降,父母心里焦急,作为儿女,这一点应该理解。下降的原因往往是多方面的,学的知识不巩固,在有关学科的知识链中断裂几环,是常见的原因。父母可能没有对这个问题做较为深入较为全面的调查研究,因而提出来的结论一时难以接受。然而,不管这个结论的准确性如何,交友问题是青年学生要十分重视,切不可掉以轻心的问题。

选择朋友要谨慎。伟大的思想家孔子在《论语·述而》中说:"三人行,必有我师焉。择其善者而从之,其不善者而改之。"革命前辈谢觉哉在《交朋友的道理》一文中谆谆告诫我们:"和好人交朋友,受到朋友的帮助,自己就随着好了,所谓'与善人居,如入芝兰之室,久而不闻其香';与坏人交朋友,受到朋友的侵蚀,自己就随着坏了,所谓'与不善人居,如入鲍鱼之肆,久而不闻其臭'。所以我们要知道'择交',要交'益友',不交'损友'。"显然,无论是古人还是今人,都十分强调选择朋友的重要,要选择好人做朋友,朋友的优点要学,朋友身上的缺点要引以为戒。

一般地说,青年学生交的朋友是好人,坏人极少。如果交的朋友都是同学，那更是好人多。且不说坏人坏思想坏行为的侵蚀、作祟，就是与好人为友，也有许多值得注意的地方。朋友之间相处，在思想、情感、行为、习惯等方面会相互影响，而且这种影响往往是无声的，潜移默化的，难以用数据表达。例如，朋友在一起，经常议论的话题是什么，是谈学习、谈人生、谈事业、谈前途，还是谈吃谈穿、谈金钱、谈享乐？谈论的基调是健康的、积极向上的，还是庸俗的、无聊的，乃至错误的？积极的内容给人以激励、鼓舞，消极的在不知不觉中给人的思想、人的感情蒙上一层阴影。一次两次不觉得，久而久之就大受影响，或变好，或变得不好。因此，交友必须有选择性，和朋友在一起要以"有益于健康成长"为主旨。

与朋友相交不能如胶似漆，整天泡在一起。学生的任务是学习，学习怎样做个有理想有道德的人，学习科学文化知识，学习将来做工作的本领。要学习取得明显效果，须集中精力花相当多的时间独立思考，独立钻研。如果三朋四友闲聊，言不及义，宝贵的时间就会如流水般消逝，而消逝了的时间与消逝的青春一样，任何人都拉不回来的。当然，与朋友学习上切磋，文娱体育活动中共乐，是必要的，也是应该的。

如果懂得了这些，在思想感情上就与父母能沟通。再主动地向父母陈述学习成绩有所下降的具体情况，请父母当参谋，作指导，共同分析原因，这样不仅能密切关系，消除矛盾，而且原因找准，对症下药，学习成绩会明显提高。

要学会化解

　　江苏省兴化魏庄中学李玉珍同学、广东省从化良口二中柯秋花同学、广西南宁上尧一中陈艳同学来信说，由于家庭纠纷缠绕，上课经常走神，注意力难以集中，学习成绩下降，希望能指点迷津，解除苦恼。

　　三位同学的心情是完全可以理解的。谁都想有个和睦温馨的家，尊老爱幼，互尊互让，生活上妥帖顺当。然而，现实生活中并不如此，不少家庭存在着这样那样的矛盾，生活秩序被搅乱，思想情绪受震荡，学习、工作受影响。怎么办呢？在家庭成员中，自己是小字辈，能不能在其中起作用呢？起怎样的作用呢？

　　我看首先是承认矛盾，正视矛盾，不回避，不怨天尤人。任何一个家庭一丁点儿矛盾都没有，是不可能的。吃饭不小心，牙齿和舌头还会打架，更不用说人与人之间的关系了。两代人，甚至三代人同住在一起，发生这样那样的摩擦，毫不足怪。采取唯物主义态度，承认客观事实，心里就会平静，头脑就会冷静，脑子里就不会被家庭里的阴影笼罩，更不会莫名其妙地被卷入矛盾漩涡之中而不能自拔。

　　其次要善于剖析矛盾。比如来信中说到奶奶和母亲之间的矛盾不可调和，是什么原因造成不可调和的呢？须细细琢磨。婆媳矛盾似乎是家庭不和的永恒主题，有的是传统偏见，互相看不惯；有的是钱财之间的隔阂与分歧；有的是别人介入挑拨离间，凡此种种，矛盾的形式类似，形成的原因各异，弄清来龙去脉，心里就有底了。又如父母之间的矛盾,从吵架到动手,牵连到哥哥,牵连到祖父,其中必有复杂原因。有性格问题,有感情纠葛,有对长辈的态度,有对子女的偏爱,有对家庭收入处理的意见等。对这些做一番调查研究,就能理出头绪,解开矛盾的结。至于母女之间、父子之间的矛盾,常因期望值过高而引起,与上述两种情况的矛盾比,毕竟简单一些。家庭中这矛盾那矛盾,说老实话,很少有什么大是大非,鸡毛蒜皮不登大雅之堂的小事比比皆是。

重要的在于化解矛盾。剖析矛盾的目的在于化解矛盾,增强家庭成员之间的相容性和凝聚力。要化解,一是自己定位要定得好,千万不能偏这偏那,立足点要高,要立足于搞好家庭团结的高度,多方促成,不能简单地评是说非当评判员;二是要一片真诚,精诚所至,金石为开,对长辈做工作,同样要在真诚上下功夫,使矛盾双方明白融洽和谐之利,懂吵闹不和之害,动容动心;三是要根据不同的人的性格、脾气、特点,采用不同的方法规劝,剖析事理,选择最佳时期劝说,使矛盾降温再降温,劝说时千万要把握好自己的身份,恭敬、诚恳,使长辈乐于接受;四是通过十分可信的亲朋好友迂回做工作,形成合力,形成和睦的氛围。总之要学会化解矛盾,促使家庭生活和和美美。

化解矛盾要有信心,要有耐心,不可能一蹴而就,不能一碰到困难就偃旗息鼓,要认准目标,坚持不懈地努力,日久就能收到成效。化解矛盾需要时间,人的思想感情的转变必有过程,因此,不能因矛盾未解开,或未根本解决而延误学习。年轻人要增强自身的修养,遇到事情要提得起,放得下,黏黏糊糊于事无补,徒然苦恼自己。学习时要锻炼自控能力,把外来的干扰、不愉快的事一股脑儿放到脑后。脑子里晴朗、清爽,学习效率一定会提高。

和睦、欢乐的家庭不是从天上掉下来的,是家庭成员共同创造共同努力的结果。祝愿这几位同学通过努力,享受到家庭的温馨。

心灵的召唤

广西玉林市玉林镇七中有几位学生（来信希望不要署真名，我尊重写信人的意见）怀着焦急的心情询问我怎样才能帮助一位同学迷途知返。信中说这位男同学原本是学习成绩名列前茅，后与几位"烂仔"弃学打工，别说成绩急剧下降，就是人也变得消极沉沦，自暴自弃，为此，大家很痛心，希望能寻找到有效的方法，帮助这个在青春迷宫里失去了方向的羔羊。

写信的几位学生的真情使我感动。有同学掉队，往深渊里滑，忧心如焚，想尽力帮助，又苦于无效。这种对同学负责的态度，这种纯真的感情值得称赞。

要帮助这位迷途的打工仔，首先要做一番认真的调查研究，从家庭到学校到所交的朋友，从打工前的思想，到打工中的社会影响，到重返学校的认识及表现，等等。只有弄清楚事情的来龙去脉，弄清楚他思想的演变，才可能有的放矢地进行工作。对这种濒临失足边缘的人，只从良好的愿望出发，主观地说些大道理，是无济于事的。

青年学生不是生活在真空当中，每一个人所处的环境不可能是纯而又纯，干净又干净，关键在如何认识环境，如何对待环境施加的影响。一名还没有接受完九年义务教育的初中学生为什么要打工？是家境清寒，无力供应读书？是想提早自立，减轻家庭的负担？还是羡慕钱财，想吃吃玩玩，乱用乱花？人是会变的，尤其是青年学生，对社会上纷繁复杂的现象缺少分析能力,缺少判别正误的清醒的头脑,只要思想一偏,怕吃苦、怕奋斗、好逸恶劳、拜金主义、吃喝玩乐的享乐思想就会乘虚而入,腐蚀再腐蚀,轻则侵害肌肤,重则深入心灵,如不及时诊治,后果不堪设想。事实上,每个学生都会接触到社会上很多好的东西,如日新月异的建设成就,迅猛发展的科学技术,为祖国两个文明建设做出巨大贡献的模范事迹,教师为培养国家有用人才而奉献青春、奉献智慧的敬业精神,这些都是培养青年学生成才的沃土。绝大多数青年学生随着年龄的增长,越来越懂事,越来越激励自己努力奋进,立志成为思想好、品德好、有文化、守纪律的公民。心术正,就能自觉抵制不良思想的影响,对是是非非就有火眼金睛,不怕妖雾迷惑。因此,要有效地帮助这位同学,就要把他的想法摸清楚,不仅是表面的,而且是较为深层的。他究竟想什么,对家庭、对学校、对社会、对自己的前途,都要弄清楚。当然,这不是出问答题要他答卷,而是通过谈心、访问,理出头绪。其中必有指导行为的思想。

　　交友须慎重,交友不慎往往是走下坡路的诱因。因此,这位同学交怎样的朋友,为什么是"烂仔",都要认真了解。甚至"烂仔"怎样会"烂",以什么来诱惑这位同学,他们经常谈论的话题是什么,他们在一起经常干什么,他们的家庭、朋友,他们背后还有些什么人,都须作一番了解。了解,没有其他目的,只是为了教育,为了帮助。一个人中了邪就好像着了魔,往死胡同里钻,此时此刻需要巨大的力量往外拽。诱惑力的诱因找准,对症下药,力量对比就会起变化。坚持不懈地做工作,不仅能解救一个人,而且可能解救一批人。

　　当然,帮助别人最重要的是满腔热忱,千万不能有丝毫的歧视。迷途的羔羊毕竟是羔羊,要满腔热忱满腔爱地对待他。一要晓之以理。以大量的青少年成才与堕落的事例进行正反对照,说明青年学生选择人生道路的重要性与严酷性。有远大理想的人心明眼亮,坚持走正道;

反之,就歪歪斜斜,甚至走向毁灭。生活无情,关键在自重,把握人生的方向盘。二要动之以情。让迷失方向的人感到集体的温暖,感到有许许多多双充满友谊的手拉他、拽他,有许许多多颗火热的心关心他,有许许多多双期待的眼睛期待着他。人非草木,孰能无情?即使犯有严重错误的人思想也是充满矛盾的,也是有丢弃错误改邪归正的愿望的,只要抓住时机,积极引导,是会取得成效的。

希望这位同学不辜负国家的期望、师长的期望、同窗的期望,迷途知返,希望班级同学从事这项心灵召唤的工作取得成功。

千万不能错位

山东省烟台市福山中等职业专业学校机械一班杨梅娉同学、上海市鞍山中学方岚同学和山东省临沂市义堂镇中心中学李玉同学来信说,自己当了学生干部,或者是学校的,或者是班级的,或者是管宿舍的宿舍长,原来要好的同学疏远了,甚至不理睬,如同陌生人,有些事老师责怪,同学埋怨,自己两头为难,苦恼万分,希望能得到指点。

这三位同学碰到的情况在不少学生干部身上也有所反映,因而,是一个值得讨论的问题。要解决问题,先得寻找形成问题的原因。学生干部与同学之间的关系如果不和谐,甚至有对立情绪,原因往往是多方面的,我认为,在众多原因当中,首要的是从自身寻找,这一点有所突破,其他问题就会迎刃而解。

十分重要的是定位,把自己的位置定在何处,如果错位,就会在不知不觉中产生一系列矛盾。学生干部是学生,这个坐标定位一点也不能含糊,是生活在同学之间,与同学一起学习,一起参加活动,一起锻炼的伙伴,绝不是凌驾于同学之上的人。学生干部不应该简单理解为管学生的人,呼么喝六,必会产生种种矛盾。学生群体要学习,要活动,要锻炼,就有个管理的问题,学校要管理,教师要管理,学生也要参与管理,逐步实现自理、自律、自治的目标。应培养与发展的需要,诞生了学生干部。学生干部应是学校与学生之间、教师与学生之间的桥梁,是为学生健康成长服务的,服务意识要强,和同学之间应努力做到亲密无间。

　　学生干部不能有异乎同学的特殊待遇,而是要强调表率作用。比如学习各门功课,虽不必也不可能门门优秀,但上课专心致志,善于思考,发现问题,并进而分析和解决问题,提高自己的自学能力,应该积极追求,力求做到。当然,一下子难以全面实现,但有意识、有计划地在某门学科或某两三门学科中多用点心,取得经验,然后再扩展到其他学科的学习。又如遵守纪律问题,要懂得培养"四有"新人中有一个方面就是要有纪律。偌大的国家,人口众多,一所学校,学生众多,没有纪律约束,就不可能井然有序,就会影响学习质量、工作质量的提高,就会影响事业的发展。因此,对学生来说,在学校里学有学规,考有考规,食有食规,宿舍有宿舍的规矩。这些规章制度所有学生都应遵守,而学生干部不仅毫不例外,而且应率先垂范。可在现实生活中我们常见到这样的情况:上课了,一名学生干部匆匆走进教室,于是全班视线集中在他身上。为什么迟到?不是玩,而是完成什么事情。事情虽小,一件件积累,久而久之,同学就觉得你特殊,你例外,于是感情上有隔阂,疏远了。事情应该完成,但应该放在什么时候完成,要事先考虑周到,千万不能抓了这个影响那个。榜样作用十分重要,行动就是无声的命令。身正,有令则行,身不正,有令不行。古人总结的言传身教的经验寓意非常深刻。

　　学生干部要善于团结同学,带领同学共同进步。要团结同学,首先要了解同学,某位同学的性格、脾气、习惯、爱好要粗知一二,要看到他的长处与不足,尤其是长处,要多看,要看清楚。一般来说,青年学生都有上进心,一个人的健康成长主要靠内驱的动力,教师也好,同学也好,帮助他不断发扬优点,克服缺点,他就能进步。比如打扫宿舍,除了自己以身作则外,谁安排怎样的打扫任务,可以因人而异。如果有怨言,应分析一下,是任务太重,分配不均匀不合理,还是时间选得不恰当,找准原因,可交换意见,甚至可作点自我批评。如果确实由于某某同学懒惰,或只顾自己,不顾集体,事后也可与他交换意见,打比方,讲道理,一次不行,两次,两次不行,三次,以诚对待同学,久而久之,对方就会感动,就会心悦诚服。也许这几位同学会说:当干部太难了,委屈太多了。确实如此,当学生干部不容易,当好更不容易。

不过,话得说回来,同学对学生干部要理解,要支持,不可用挑剔的眼光对待他们。学生干部和自己一样,也是学生。学生干部所做的工作是为大家的,是为了大家学习有序,生活有序,更好地进步。对他们来说,就是多花时间,多花精力,是实实在在的奉献,实实在在的服务。作为学生,是群体中的一分子,应该与他们友爱团结,尊重和肯定他们为大家服务的精神。大家都为集体的形成而努力,都遵守集体的纪律,班级里、宿舍里就会气氛和谐,积极向上。

宽容·坦荡

新疆石河子袁媛、贵州省遵义市技工学校杨珍等同学来信说，与兄长、与同学发生摩擦、发生纠纷，从拌嘴发展到打架，以至于受到惩罚，为此，气恼万分，希望寻找解决问题的办法。

这两位同学写信来咨询，我是欢迎的。中学生了，吵吵打打，与身份不相称，应该寻求妥善的解决方法，集中精力，勤奋学习，使自己在德智体诸方面得到发展。我觉得，首先应该懂得，任何一个人都是生活在群体之中，是群体的一个成员。家庭也好，学校也好，班级也好，都是一个群体，作为家庭的一个成员，学校的一名学生，有义务也有责任维护这个群体的团结、和谐、宁静。"人"这个字大家都认识，大家都会写，但它的内涵十分丰富，不是每个人都能理解，都能感悟，有些人对它甚至一无所知。人之所以为"人"，它有社会性，在群体中要互相支撑，互相帮助。正如这个字的字形一样，由一撇一捺组成，缺少任何一笔都不行，两个笔画不支撑，也不像"人"。懂得了这一点，就会有意识地把自己放在群体之中，放在合适的位置上。

其次，要学会容忍。家庭中兄妹也罢，学校里同学也罢，不可能有不可调和的你死我活的矛盾。不外乎是对某人某事某物有些不同的看法，不外乎语言上有某些冲撞，或者有点讽刺挖苦，不外乎在某些行为上有不如自己意的地方，凡此种种，细细想一想，深入地想一想，就会觉得没有什么了不起的大事。有些争执甚至是幼稚的，可笑的。这样想想,心就会平,气就会和顺起来。学会容忍是心胸广阔的表现,别人的言行只要不有损于国家,有损于集体,都要能容忍。当然,容忍不是不做工作。别人在火头上,不要碰,等冷却下来后再慢慢做工作,讲道理。至于影响个人的鸡毛蒜皮的小事,就不必顶真。人一天能吃几碗饭,难道还容不得几句话吗?在群体中如果没有宽容别人的美德,那就会如干柴一堆,一碰就着火,影响集体的凝聚,影响集体的安宁。

再次,要锻炼自己的自制力。俗话说,一只碗不响,两只碗叮当。吵架,打架,总是双方面的事。从吵到打,有个过程,这个过程中必然是双方互不相让,你抬杠,我抬杠,火越扇越大,逐步升级,最终闹得不可开交,以武力来解决。骂人、打人,是没有修养的表现。要使这种蠢事不再发生,就要加强修养,控制自己的感情。怎样控制呢?一是"让"字当头,开车有个"礼让三先",如果两车相遇,"抢"字当头,十之八九会出车祸。发生矛盾也是如此,让一让,往后退一退,对方火气就会降点温。让,并不吃亏,息事宁人,坐下来心平气和地谈,对解决问题有百利而无一害。二是转换位置,设身处地替对方想一想。这样做的好处会检验一下自己的想法、做法究竟是不是对。将心比心,感情上就立即会缩短距离,有助于冷静下来解决矛盾。

再说,人不可能事事对,事事都是自己正确。要有点自以为非的精神,自我批评的精神。两人争吵,自己不一定对,有时出于任性,有时出于蛮横,有时心里明明知道错了,但嘴仍然硬,硬撑面子。如果是这样,责任就在自身,吵架、打架在理上就完全输了。要养成尊重事实的好品德,自己错了,老师批评,同学指出,就应该感谢别人的好意,感谢别人的真诚,错把好意当伤害,胡闹一番,别人当然受不了。

一个人的精力有限,一个学生的主要精力应用在学习上。对生活中的小事,对人际关系中无关轻重的事应该洒脱一些,不放在心上。眼睛里容不得半点沙子,遇事斤斤计较,不仅给学习带来不良影响,而且会使性格扭曲,一天到晚沉湎于恩恩怨怨之中,思想情操不能获得健康的发展。

必须牢记:吵架、打架是很不文明的行为。思想上提高认识,行动上增强自制力,无论为人处世都坦坦荡荡,就能够做到向它们告别。

袁、杨二位同学,以及其他有类似情况的同学们:努力加强自身的文明,使胸怀宽广起来,多看别人的长处,抑制暴躁情绪,必能有效地解开矛盾,与家人、与老师、与同学和睦相处。

包装与修养

江苏省句容县中高三年级薛梅同学来信说,自己性格开朗,高兴时开怀大笑,旁若无人,想到什么就毫无顾忌地说,有时也和同学打打闹闹。为此,受到同学的指责,把开朗说成放荡,把活泼看作轻浮,因而,十分苦恼。问:是否在班级里每个人都要装得文文静静,包装得严严实实?

薛梅同学提出了一个很值得探讨的问题:学生求学,在班级里与同学相处,要不要自我包装,要不要把自己包装得严严实实。说到包装,先要从物品的包装说起。在商品流通的社会里,外包装显得越来越重要。在一些国家,有些物品普通又普通,乃至无甚价值,但一层层包装,包装得金碧辉煌,令人目眩。在我国,商品过去不讲究包装,讲究的是货真价实。在市场经济发展的情况下,包装提高到前所未有的高度,越来越重视,越来越考究,越来越有新招式。原因何在?要吸引顾客,要取悦于顾客,激发顾客购物的欲望。显然,无论是国外,也无论是国内,讲究包装是为了提高商品档次,扩大销售额,从而获取较多的利润。如果是劣质产品,只讲包装,就是欺骗行为。这个"包装"是贬义的。

人与物截然不同,人,尤其是青年学生要讲究纯真,心地纯净,晶莹透亮。如果戏谑地把人的穿着打扮说成是"包装",那无可非议。每个人根据自己的审美观点、经济条件选择衣物装扮自己,只要大方、美观,别人能接受就行。如果是指披了一件与自己思想、性格、言行等不一样,或不完全一样的"外衣",这样的包装就是虚假,不仅不能提倡,而且要坚决反对。

学生进学校学习,要学会求知,学会劳动,学会生活,学会健体,学会审美,学会做人,而最为重要的是学会做人,做一个有理想、有道德、有文化、有纪律的人。虚假是道德的大敌。克林凯尔有句名言:真正的伟人常常是平凡的,他们的行为既不做作,也不虚饰。学生当然目前不是伟人,但应以伟人为榜样。做人要坦率、真诚。同学之间没有任何利害冲突,应该与尔虞我诈无缘。每位同学有自己的性格,自己的脾气,自己的兴趣爱好,有长处,有不足,但这些都不妨碍同学之间真诚相处,友好相处。也许对有些事情有不同的看法,也许会展开激烈的争论,也许把某些同学身上存在的缺点拔高,看得过分严重,即使如此,只要以诚相处,并不影响班级整体的和谐。做人贵"真",同学相处贵"诚",把自己蒙上面纱,内心一套,外表一套,成了两面人,那就与做一个正直的人、做一个真正的人的准则完全违背。事实上,我们的同学当中也没有这样的人。可能有的同学在某些方面把自己掩饰起来,出于一时的需要,但与严严实实包装仍然有质的区别。假的就是假的,有眼光的人都能识别,持久不了。学生身上虚假不多,对这一点要有基本估计。学生身上有这样那样的缺点毫不足怪,同学应出于善意,真诚地指出,热情地帮助;有缺点的同学自己不要隐瞒,更不能伪装和掩饰,而是正确对待,认认真真改正就行了。

看起来,薛梅同学有种误解,误认为同学对自己的指责似乎会导致人人需要包装起来,问题没有那么严重。可能同学的指责有点过分,特别是用词不当。开朗是很好的性格,活泼也很可爱。青年学生不活泼,难道叫七老八十的人活泼吗?放荡与开朗有本质的区别。前者是指行为不端,如果把打打闹闹、开怀大笑看作是放荡,那就在判断上出现了差错。

应从两个方面来努力。看到同学身上有不足,有缺点,甚至有严重的缺点,要竭诚帮助,千万不能背后叽叽喳喳。同窗三载,要珍惜难得的聚会,珍惜青春年华时代的友情。这是学做纯真的人很重要的方面。薛梅本身也应该反躬自省,自己的言行有无有失检点之处。高三的学生毕竟不是幼儿园的小朋友。在小朋友身上的语言动作,虽幼稚,但可爱,如果搬到青年身上,就可笑,因为与年龄与文化水平太不相称了。重要的是加强自身的思想修养、道德修养。高中生已是小文化人,是非对错,心中已很明白,关键在自己怎样做。凡事有个"度",有个分寸,过分的打闹,毫无顾忌,无形中会影响别人的学习或工作,那就应自我约束,因为人是生活在集体之中,时时刻刻要想到别人。再说,开朗指心胸比较开阔,性格乐观,与无顾忌的言行之间不能画等号。

加强自我修养,对指责者和被指责者同样重要。一朵花做不成花篮,每个人学习做人,班级就花团锦簇,春满人间。

妒：一种丑恶的感情

高丽英、亢莉、李雯等同学：

你们的信收到。你们在信中袒露了自己的思想，说明知道忌妒别人不好，但由于自尊心、虚荣心作怪，克制不住自己，怕学得差的赶上自己，怕学得好的越学越好，因而心里十分烦躁，希望得到帮助。感谢你们向我吐露真心话，但吐露只是反映情况，重要的在于认识忌妒的危害，摆脱它的缠绕。

人的思想感情里有真善美，也有假恶丑。崇尚真善美的，道德情操高尚，被假恶丑浸染的，做人的德行差，常令人远而避之。《红与黑》的作者司汤达曾这样认为："忌妒是诸恶德里面最大的恶德。"染上忌妒毛病的人，总害怕别人进步，别人有成绩，别人聪明，别人漂亮……总而言之，一看到别人好，心里就不舒服，而且不是一般的不舒服，而是像有条无形的蛇在吞噬着自己的心。

忌妒是心胸狭隘的表现。眼睛里容不得半点沙粒，怀有忌妒心的人容不得别人比自己强。时时比，事事比，越比心态越不平衡，越比忌妒之火越升温，乃至怒火中烧。忌妒，往往又选择目标，比自己真正高明的，差距悬殊的，不作为妒的对象；与自己相仿的，同龄人，同学，朋友，进步了，成功了，心里就不舒服，就容不得。中国有句古话，叫"宰相肚里好撑船"，意思是人要宽宏大量，不要斤斤计较。每个人头上有一片天，都有成长的条件，都有发展的机会。任何一个人，不论本事有多大,都不可能一手遮天。红花还要绿叶扶持,万紫千红才能编织春色。大自然风光如此,更何况是人类社会?学生世界里有许许多多朝气蓬勃的青少年,学生世界中任何一个人的进步,都是给这个世界增添力量,增添光彩。胸怀宽广,就会为之而高兴,而激励自己奋发图强。

要克服心胸狭隘的毛病须加强自我修养,用高尚的人的美好情操陶冶自己的思想感情。首先是加强学习,读些好书,开阔视野,从个人得失的小天地里解放出来。世界大得很,天地广阔得很,有志青年要学习的知识太多太多,将来要做的事也很多很多,把时间花在学本领上都来不及,怎能把心思用在鸡虫得失的小事上?多读好书,增进知识,开阔视野,向英雄学习,向优秀人物学习,眼光就会远起来,心胸就会逐渐宽起来。其次是摆正"比"的位置。年轻人喜欢比,但比什么,怎么比,很有讲究。以自己之长比别人之短,越比越觉得自己了不起,越觉得自己是块好材料,委屈得很,越觉得别人左也不顺眼,右也不顺眼。多比别人的优点,多比别人的长处,就会心平气和,虚心向人家学习。"妒"与"学",感情上、行为上迥然不同。

当然,更为重要的是精神振奋,努力学习,使自己快快成长。要学习成绩优异,就得自己努力,天资再不高的人,也能积跬步以至千里;再聪明的人,不努力,也只能裹足不前。让妒忌的感情在胸中膨胀,对被妒忌的人丝毫没有损害,别人照样前进,对自己却有百害而无一利,被这种丑恶的感情纠缠,就会日益萎靡。

人要有自尊心,但自尊心与尊重别人并不矛盾。自尊是尊重自己,不向别人卑躬屈膝,也不容许别人歧视、侮辱。自尊的人既应尊重自己,也应尊重别人。自尊到要忌妒别人,已是对自尊心的一种扭曲。虚荣心要不得。有虚荣心就会如迷雾迷住眼睛,追求的东西实际上是雾中花,水中月,可望而不可即。有虚荣心就会是非难以辨别,甚至颠颠倒倒。

要消除妒忌这个恶魔对自己的侵害，须变狭隘为宽广，清除虚荣，端正自尊，奋发向上。青年学生不怕有这样那样的毛病，只要认真对待，及时治疗，就能恢复健康。希望这几位同学以及与他们有类似情况的同学，读了这封信后，能甩掉妒忌这个包袱，在学习生涯中愉快地前进。

委屈·受挫·承受力

甘肃省漳县一中初二学生郦丽、云南省祥云县第一中学高中学生段华先同学来信说,自己学习很努力,可一个学期下来,任课老师教课没有一次提问过自己,甚至连姓名也不清楚,自己写的作文经过反复思考、修改才定稿的,可是批语是"这是你自己写的吗",为此,很苦恼,很伤心,请求解开思想上的疙瘩。

学生对教师有一种孺慕之情,就像小辈对长辈一样,尊敬、信赖、依恋。从心底发出的真情,做教师的应该理解,应该珍视,应该深切体会到这是人间最纯真、最无瑕的感情。

教师爱学生,对学生关心,这是做教师的责任。可能某老师新来乍到,还来不及对每位同学作比较深入的了解,也许还有其他原因。这些,这里暂不加评论。教师在教学实践中根据师德要求,会逐步提高,逐步自我完善。这儿和两位同学讨论的是:如何对待委屈?如何对待受挫?如何锻炼自己的承受力?

作为一名社会的人,在生活道路上要接触各种各样的人,和各种各样的人打交道,要每个人对自己都理解,都支持,是不可能的。有时,明明事情做对了,别人不仅不称赞,反而有意无意埋怨几句,这时,自己如果不冷静,就会火冒三丈,就会感到委屈,轻则心情不舒畅,重则撂挑子,明明是好事也不干了。

社会纷繁复杂,在待人处事方面,一个人受委屈、受挫折的地方很多。一是要学会分析,学会化解。所谓委屈,就是客观评价与主观愿望发生矛盾,自认为前者是不公正的、不符合实际的。既然主客观发生矛盾,就应分析原因。如信中所说,教师一次都未提问过自己,原因究竟何在呢?可能这位教师擅长讲解,不善于启发学生质疑、组织学生析疑答疑;也可能有些学生学得十分主动,教师一提出问题,这些学生已经解答,无须展开讨论,再请别的同学发表意见,也可能……原因往往是多方面的,冷静下来分析一下,就心平气和得多了。有了矛盾,贵在化解。师生关系要亲密和谐,师生双方面都要作努力。教师起主导作用,当然要主动了解学生,关心学生,但学生也要主动找老师。心里有什么想法,主动找老师谈心,竭诚相待,让老师了解自己,如果有误会,有隔膜,就会烟消云散。二是锻炼自己的坚忍性。世界上的事从来都不是一帆风顺,而是曲曲折折向前发展的。人生旅程中的事,十之八九不如自己的意。有的是主观方面的原因,一切往好处想,一厢情愿,期望值过高;有的是客观原因,阻力重重。不管是哪方面的原因,都要锻炼自己的坚忍性。人不是玻璃制品,一碰就碎,面对生活,脆弱是不行的,要勇气百倍地向前进。大家都知道小草的性格,被践踏,被火烧,"野火烧不尽,春风吹又生",被踏了倒伏下去,脚一离开,又昂起头来,求生存,求发展。年轻人就要有意识地培养小草似的这股劲,锻炼自己坚忍的性格,坚忍不拔的毅力。

  俗话说,宰相肚里好撑船。形容人要宽宏大量,担得起事。青年学生当然不能这样要求,但遇事要有承受力是必不可少的。贝弗里奇在《科学研究的艺术》中说道:"人们最出色的工作往往在处于逆境的情况下做出。思想上的压力,甚至肉体上的痛苦都可能成为精神上的兴奋剂。"思想上的压力,肉体上的痛苦,要正视,要跨越,须具有相当大的承受力;越是能承受困难、承受挫折的人,越是能在困境中崛起,做出贡献,创造辉煌。"这是你自己写的吗"这句批语据我推测,老师是善意的。看到学生的作文出乎意料的好,就情不自禁地写下这句话。不管什么原因,哪怕是误解,甚至信任度发生动摇,自己也要有承受的能力。

  人的成长如树木花草一样,既要有阳光雨露的爱抚,又要能经受住风雨的洗礼。梅花香自苦寒来,经受挫折的磨炼,人的成长就越迅速,越刚强。师生之间有点误解本是稀松平常的小事,但从中可悟出一点做人的道理,促进自己走向成熟。

一字之差

李文宏、张宁、王静、樊宁等同学：

来信都谈到交友的问题，谈到和异性同学相处，友情如何把握，又怎样与爱情区分，在交友中出现种种不愉快给自己以困扰，希望能够得到解脱。

青年人喜交友，交友中由于纷繁复杂的社会生活的折射，又会有种种困惑，这是可以理解的。这个问题涉及的范围很广，暂不探讨。只就一字之差的"友情"与"爱情"说几句。

我国课堂教学是以班级组织形式来进行的，一个班级数十人，有男学生，有女学生，因此，与异性学生接触、交友，是极其正常的情况，没什么可点点戳戳、说三道四的。但是，有几点须十分注意。首先，交友要定格，"格"的定位应定准。同窗之谊不管是同性还是异性，都是友谊、友情。因此，定格要定在"友"上。这方面，与同性同学相交，问题不大，是同学，是朋友，是好朋友，是知心朋友，都无可非议。与异性同学同学习、同劳动，这个"格"就十分重要。认为与异性同学说话、接触，就是有爱情，这是认识进入了误区。友情与爱情虽一字之差，但是质的不同，切不可混淆，否则就会庸人自扰，产生不必要的困惑。其次，与异性同学交友，要心里坦荡荡。定格定准，心中就没有无可告人之隐，心底就会坦荡如砥。和同性朋友相交一样，别人的优点要吸取，别人的不足要帮助，互相尊重，互相学习，工作中团结协作，在学习生涯中共同进步，德智体美都得到发展。第三,排除干扰。自己由于特定环境的影响,和异性同学在学习上、工作上有所接触,心中坦荡荡,本没有什么想法,可是却有另外的异性同学妒忌了,使自己很难堪。只要心中的准绳是友情,此时此刻,就应排除干扰,或直言奉告,或以无声的语言——行动,表明自己的态度。至于有轻率的、不庄重的行为,不管他是哪位教师的儿子,某个人物的孩子,都应毫不含糊地讲道理、论是非,屈辱,怕这怕那是无济于事的。特别是女孩子,有自己的女性尊严,要"争",才能捍卫。

中学生青春年少,是学习的最佳时期。学生的任务就是学知识、学本领,专心致志才会学有成效。受港台影视、小说的影响,过早地去谈情说爱,对学业、对健康成长都有不良的影响。再说,学生毕竟年纪轻,特别是初中学生,涉世极浅,很不成熟,过早谈所谓"爱情",有百害而无一利。中学生应珍惜学习的大好时光,与异性同学相交,定格在"友"上,培育友情,增进友谊。

排除"求爱信"的干扰

江苏省海门县包场中学高中部江志华同学来信说，进入高中，人的思想变化了许多，好些成年人干的事情也过早地踏入了学校生活，有的女孩子被纷纷袭来的求爱信困扰。起初，还能不理睬，但一封一封多了，弄得她们精神恍惚，学习成绩急剧下降，甚至于想辍学，以求解脱。为此，看在眼里，急在心里，希望能得到帮助，使这些同学恢复学业，健康成长。

江志华同学出于对同窗学友的关心，提出了一个值得重视、值得思考的问题。对这个问题有正确的认识，以正确的态度冷静处之，就能跨越关隘，成熟起来；否则，容易误入歧途，损伤青春的价值。

首先，对求爱者的信无须大惊小怪，惊慌失措。进学校，目的在求知，学习做人的道理，学习建设祖国的本领，使自己成为有理想、有道德、有文化、有纪律的人，为人民为祖国做贡献，让生命闪发光辉。有了正确的学习观、人生观，外来的种种干扰，就能识别，就能泰然处之。做人的道理懂得越多越深，学习的目的性就越明确，就越能排除干扰，孜孜不倦地求知。

当然，十七八岁的女孩子要完全回避"爱情"二字是不可能的。那么多的港台歌曲，情啊，爱啊；那么多的电视剧，爱情纠葛啊，悲欢离合啊；那么多的言情小说，说不清的爱，讲不完的情，对青年学生不可能没有影响。关键在于对爱情要有正确的认识，要树立正确的恋爱观。

写求爱信的同学往往信奉"一见倾心",收到这类信袭击的女同学须有清醒的认识。"一见倾心"不等于就有真挚的感情。邓颖超同志对这个问题说得十分深刻,她说:"真挚的持久的爱情,不是'一见倾心',因为相互的全面的了解,思想观点的协和,不是短时期能达到的,必须经过相当的时期才能真正了解,才能实际地衡量双方的感情。"显然,真挚的爱情是建筑在彼此深入了解的基础上的,而思想观点的协和,对事业的共同追求又至关重要。正在求学的高中学生难以具备这些条件。且不说那些不同班级、不同年级的同学不了解,就是同班同学,大家都忙于学习,忙于完成各学科作业,谈不上深入了解。再说,由于中学生尚未步入社会,对人生知之甚少甚浅,对人的了解也往往停留在表面或局部。了解人、认识人是极其不容易的,需要时间,需要在不同场合,不同事情的碰撞中认识。凭感觉,凭一时冲动,感情就无基础,就没有根,因而,也就会飘忽不定,随时转向。由此可见,这种"求爱信"缺乏扎实的感情基础,有相当的盲目性。

　　树立正确的学习观、人生观,树立正确的恋爱观,遇到这类事情就能冷静分析,认识清楚。认识清楚就能无动于衷,做到不理睬,冷处理。最可怕的是一方面说回避,一方面又放纵感情,把现实生活中的事与文艺作品中描绘的爱情黏合起来,蒙上浓重的梦幻色彩。不能运用理智自我控制,就会加大干扰,恍惚迷茫,影响学习,影响健康成长。中学生对什么是真正的爱情还缺乏深刻的理解,就是随着年龄的增长,理解了,认识了,仍然要用理智控制感情。大戏剧家莎士比亚有句名言很值得作为处理感情与理智的座右铭,这句名言是:"爱,和炭相同,烧起来,得想办法叫它冷却。让它任意着,那就要把一颗心烧焦。"

　　写求爱信的同学应该反躬自省。自己的行为太轻率,"一见倾心"的感情不牢靠,采用的方式既可笑,又不尊重人。一名高中学生应该有自控的能力,应考虑到自己行为所产生的后果。学生的心思应该放在学习上。任何一个人不可能有第二个青春,高中阶段是学习求知的最佳时期,把青春大好时光花在胡思乱想方面,是对生命的极大浪费。学生要珍惜学习机会,勤奋刻苦,吮吸知识的乳汁,努力丰富自己,成为有文化教养的人。

这类事情经常发生的话,教师就须加强教育。青春这一关过得好,学习风气正,基础打得厚实,学生才有广阔的前途。

痴醉与自拔

山西省汾阳市三泉高中六十二班的一位同学来信说,由于自己不知不觉地爱上了一名女同学,功课耽误,成绩下降,以致常常陷于胡思乱想、如痴如醉之中,为了寻求解脱,就借酒浇愁,学会抽烟,自己折磨自己。

青年人对异性产生爱慕之情,只要是纯真的,健康的,本无可非议。但是,作为一名高中学生,如何正确对待这样的事,从认识到感情都应作一番认真的思考。

青年人往往有一种错觉,只要异性同学和你多说几句话,或偶然地多看一眼,就误以为人家有什么意思,于是就想入非非。其实,这是主观臆想,客观事实并非如此,徒然是自作多情,自寻烦恼而已。如果发生这种情况,就应头脑冷静下来,认认真真想,面对现实,承认事实,清除主观臆想,迷雾拨开,就能精神振奋,投入学习。还有一种情况是自己确实对某异性同学发生了好感,甚而有爱慕之心。这在交友中本来很常见。但多情的人常认为这就是爱情,而且是浓浓的爱情。其实,好感与爱情之间有很长一段距离,即使是爱慕,也不等于是爱情。朦朦胧胧地把这些混淆起来,并一厢情愿地堕入自己制造的爱河之中,自酿苦酒,实在大可不必。真正的爱情是建立在彼此深入了解的基础之上,情投意合,甘苦与共。"一见钟情"是才子佳人小说中的时髦套路,现实生活中照此办理的,十之八九无好结果。因此,发生这种状况,同样头脑要降温,要保持冷静,区别好感、爱慕与爱情,要破除自织的网、制造的河,与冲动、轻率告别。

中学生由于处在长知识、长身体、长觉悟的时期,为人处世常比较幼稚,很不成熟,在交友方面也是如此,往往容易偏激,容易片面,"好",就是绝对的好,完美无瑕,"不好",浑身都有毛病。正因为涉世很浅,对人的认识缺乏全面、深入的了解,早恋很不合适,对自己的健康成长、全面发展不利。绝大多数的学生认识到这一点,就聚精会神努力学习,力求学得真本领,将来为祖国服务。如果真的萌发了爱情的幼苗,怎么办呢?应该强化自制的能力。首先要摆正位置。学生的主要任务是学习而不是谈情说爱。作为一名有理想有抱负的青年,应深刻意识到自己的责任和义务。人生在世,事业第一,不珍惜今日的学业,哪来明日事业的辉煌?牢记祖国培育的深恩,就能有源源不断的内驱力,奋发向上。其次要锻炼性格、意志,净化感情。俗话说:大丈夫要拿得起,放得下。一个人一辈子要碰到许许多多事,如意的,不如意的,要干许许多多事,爱干的,不爱干的,"粘"住了一个问题就哀哀怨怨,不能自拔,成不了大事,是性格、意志不坚强的表现。纯真的感情必然激励自己积极向上,完善自己的性格,增强自己的意志。因此,对这位同学来说,当务之急是:提高认识,转换情感,痴醉于学业,从沉湎中自拔。

从来信中看,这位同学文笔很不错,有点才气。只要能鼓起勇气,正确对待,前途会是美好的。

破除自我封闭

　　云南省会泽县第一中学韩日同学、四川省古蔺中学罗林林,以及湖北省荆州市、内蒙古乌海市两位不愿透露学校和自己姓名的同学来信说,自己是生活在苦闷与彷徨中的高中生,理想与现实的矛盾,学习与娱乐的冲突,无时无刻不缠绕着自己的灵魂,无真正交往的好朋友,十分孤独,"纵有千种风情,更与何人说";更有甚者,在某所学校里流行这样的话:"男生越孤独越优秀,女生越优秀越孤独,优秀与孤独并存。"这种令人窒息的氛围影响学业,影响成长,希望能获得解脱。

　　年轻人有孤独感确实非常难受,要获得解脱,须找准形成的原因。孤独绝不是天生的,青少年有向群性,热爱生活,喜欢热闹,爱交朋友,按理说,孤独与青少年无缘。只是由于这样那样的原因,心理上、性格上受到影响而有所变化。从来信中看,不外乎有以下一些原因:一是看不惯,觉得别人自私、冷酷。例如一位同学患白血病,在发动捐款时,竟然有同学大笑,不仅漠不关心,还说身患绝症的人不应浪费社会的财富。这种自私、冷漠的关系使自己不敢正视人生,感到万般的孤独与悲凉。二是失落感。学习不能步入年级或班级的前列,在同学眼中似乎成了可有可无的人,像一根稻草随风飘忽。于是自怨自艾,悔恨自己不争气,失落得难以自拔。三是堕入冥想之中。过去的小小天地多美好:乡村的夜景,连绵的山峦,山洞边的槐树。现实是混浊的世俗小池,因而经常堕入三毛的"不要问我从哪里来?我的故乡在远方。为什么流浪？流浪远方,远方"的诗句中,在冥想中慰藉孤独的心。

不难看出,形成的原因虽各有差异,但共同点是自我封闭,用套子把自己裹得紧紧的,尽量和外界隔离。毋庸讳言,社会上有自私的人,有缺乏同情心的人,同学中也可能有类似现象,但是不是人人都如此呢？看问题要全面,不能以偏概全。社会上有真善美,但也有假恶丑。只看到前者,看不到后者,就会是非不分,善恶不辨,堕入幼稚与糊涂；如果只看到后者,看不到前者,就会眼前漆黑,悲观失望,似乎是别人皆醉我独醒。这都不符合客观实际。奉献社会,奋发有为的青年在各行各业不断涌现,只要眼睛认真观察,许多感人的事迹就会撞入眼帘。不说别的,就是同学之间关心别人、助人为乐的事也屡见不鲜。十个手指不可能一样齐,总有高低大小之分。同学之间认识、觉悟、性格、情操总会有差别。某个同学或某些同学对某个问题、某件事情有不周到甚至错误的看法,本不足为奇,正确的态度应是帮助、教育。学校是培养人的场所,着力于塑造学生具有健康的人格、良好的思想道德素质和科学文化素质。青年学生可塑性很大,只要坚持教育,缺点能改正,不足能弥补,应该有这个信心。

自怨自艾是自我封闭的又一种形式。总是悔恨,总是失落。不妨定下神来想一想：过去有多少辉煌,现在又失落了什么,有哪些事值得如此悔恨？充其量不过是以往可能成绩名列前茅,受到老师的器重、同学的拥护。事情发展有其规律,小学生考语文、数学,100分司空见惯,到高中,各门课程程度大大加深,要完全掌握得高分,实非易事。重要的是面对现实,振奋精神,放下包袱,轻装向前。顺规律而动,无怨无悔,就能向孤独告别。冥想又是一种自我封闭,沉湎于念旧的情怀之中,自视清高,孤芳自赏,远离现实的生活。孔子说:"往者不可谏。"以往的人生不管怎样怎样美好,怎样值得珍惜,但毕竟已经过去,重要的是应该抓住现在,"现在"可能还不理想,但最抓得住,最可努力,最能创造美好。抓住了现在,心也就不会飘忽、流浪。

　　孤独和封闭结成联盟,优秀与孤独难以结伴。优秀的青年热爱生活,珍惜现在,敞开心扉,欢乐地接受阳光、空气、亲情、友情,感受集体的温暖,又以自己的真诚温暖别人的心,孤独当然与他们无缘。目前还有孤独感的也毫不可怕,只要破除自我封闭,打开心灵的窗户,清新的空气、灿烂的阳光就会扫除心理上的阴霾。青春是美丽的,生活是美好的。

超越自我就是生活的强者

柏健同学：

　　信收到。感谢你对我的信任，你能直袒胸怀向我诉说生活中的困惑与苦恼。我觉得你有力量从苦恼中摆脱出来，解除困惑，和同学们一起生活在快乐的集体中。

　　社会是人与人各种关系的总和。生产力发展，社会进步，一时一刻也离不开人和人之间的正常交往。从小学会尊重别人，热情而诚恳地对待别人，与别人友好相处，就可以促使工作有进展，集体有温暖，自己也可从集体中分享友谊与欢乐。

　　班级是由风华正茂的青年学生组成的集体。青春，就是财富，就是巨大的财富。青年人思维活跃，求知欲旺盛，对人生的真谛、自然的奥秘充满探求的愿望与行动；青年人好热闹，爱娱乐，三朋四友，志同道合，说天道地，评是论非，可以滔滔不绝。生活在青年人当中，即使年龄大的，年纪老的，也会受到青春活力的辐射，感到自己身上也有了使不完的劲。从你信中所说来看，你们班级很有几分这种味道，愉快是班级的主旋律。

　　你自责自己不合群，与同学交往很吃力，很不自然，虽多次试着改，但不见效果，因此，只得让"孤独"陪伴自己。其实，你能清醒地看到自己性格上的弱点，就有弥补的基础。关键在两条。

　　第一是痛感这种弱点会使自己裹足不前，下决心改。生活在改革开放的时代是十分幸福的。改变了闭关锁国的状况,人们的思想大解放,新知识、新技术层出不穷,各个领域创造的奇迹令人兴奋不已。只要认真地回顾历史,就会深深感到今日中国创造的业绩是多么辉煌。青年人应该张开双臂拥抱这个时代,要看,要听,要说,要想,从中获取新鲜的营养。与朋友、与老师交往,这方面能得到很多教益。千万不能自我封闭,用一只无形的手把自己裹起来。

第二是不断勉强自己,拆除拘束的屏障。儿童吃菜有个比较普遍的毛病,就是挑食,喜欢吃的拼命吃,不喜欢吃的,嘴闭得紧紧的,不肯吃。要健康成长,就需要多方面的营养,于是,做父母的,做老师的,就要采取多种多样的方法勉强孩子吃。同样的道理,要使自己合群,克服孤僻,就要不断地勉强自己,做自己原不想做的事,说自己原不想说的话。所谓"拘束",就是有一种手脚都被捆起来,不能自由自在活动的感觉。手脚被捆,源于心理被绳索捆住。这种捆不是真正有形的绳索,而是种种无形的想法。比如,"我这样说,人家会笑话我吗?""我参加郊游不声不响,会使同学们扫兴吗?""同学们不叫我参加聚会,大概是怕看我紧张的样子。"凡此种种,都离不开一个"我"字,把"我"看得太重,屏障遮得太严实了。世界上有些事是绝对马虎不得的,如人要吃饭,种粮食丝毫不能掉以轻心;孩子要读书、受教育,否则会影响民族的素质,必须高度重视。而生活中大量的事都可随和一些,并不是锱铢必较,因而也不必紧张。在思想言行上拆除屏障,心地就宽了,合群性就强了,而心地越宽,心理屏障越能有效地拆除。

在生活道路上看到自己的不足,不断地勉强自己,超越自我,就是生活的强者。祝愿你取得成功,许多好朋友等待你去主动寻觅。

减　肥

"一封薄薄的信,带去我心头许多愁!"这是河南省睢县回族高中二年级文科二(2)班刘红莲同学写完信后专门加的一句话。确实如此,信上满纸愁云。学习效果不理想,想做"大学梦"又恐惧破灭;爱美,想像别的姑娘一样苗条,偏偏自己又胖;有时自知是虚荣心作怪,却又无法排遣,于是,堕入"长大烦恼多"的迷茫之中,希望得到解脱。特别是减肥的事,有没有良药医治,希望有肯定的答复。

关于学习,这封信暂且不谈,就谈减肥。爱美之心,人皆有之,特别是十七八岁的女孩子,希望长得美一点,亭亭玉立,这是无可非议的。可是天工造物非常奇妙,人不是一个模子里造出来的,有高有矮,有胖有瘦,有美有丑,就是孪生姐妹,也不尽相同。因此,愿望是一回事,实际又是一回事,有时二者相近,甚至吻合,有时差距很大。差距大怎么办呢?首先是承认事实。不能说瘦的人就绝对的美,胖的人就绝对的不美,古代还有"燕瘦环肥"的说法,可见对美的认识不那么绝对化。

现在流行瘦,于是给许多女孩子带来了烦恼,唯恐自己胖。为了制止发胖,对自己很苛刻,比如吃饭,明明可吃二两饭,偏偏吃一两,更有甚者,早上不吃,饿着肚子上四节课。仔细想一想,学习效果可想而知。脑血管的血约占全身血液的五分之一,脑子清不清醒,记忆力好不好,与血的质量有密切关系,而血的质量靠食物的营养。因此,正常的饮食与必需的营养,对正在长身体的中学生来说,十分重要。学生要德智体全面发展,增强体质才能担负起繁重的学习任务,将来也才能担当起工作的重担。为了追求苗条而置身体于不顾,是极不明智的表现,身体健康受影响,将来会后悔莫及。毕竟身体健康最重要,不在于胖与瘦。

已经比较胖怎么办？大可不必发愁,一是在饮食上调整,少吃饱含油脂的食物,少吃甜食；二是积极锻炼身体,这一条尤为重要。热量消耗少,脂肪就会堆积。年轻人特别要注意锻炼,跑、跳、打球、跳绳……不仅消耗热量,而且锻炼筋骨,锻炼意志,增强体力,提高学习效率。年轻人不能懒于活动,身体懒,脑子也勤快不了,再加上饮食不合理,发胖也就成了轻而易举的事。

不能乱吃减肥药。不锻炼身体,饮食不注意,吃什么药都不管用。再说,现在骗术不少,切不可上当。

但愿刘红莲同学积极锻炼身体,不要过分把注意力集中到胖与瘦的问题上,专心致志地学习,从自寻烦恼中解脱出来。